旅游设计技术教程
TOURISM DESIGN TECHNIQUES

◆ 袁健 编著

中国旅游出版社

序

池重庆

国内旅游业历经三十多年的改革发展，发生了巨大变化，特别是在 2009 年国家提出"把旅游业培育成国民经济的战略性支柱产业和人民群众更加满意的现代服务业"后，不论东部发达地区还是西部待发展地区，不论繁华的大都市还是僻静的小乡镇都积极投入对其景区、景点的旅游规划设计项目中去。目前，我国关于旅游规划的课题和文章很多，而关于旅游设计的研究却甚少。殊不知旅游设计和旅游规划一脉相承，二者既相互关联又有所区别。

远见旅游发展机构董事长袁健是国内提出"旅游设计"概念的第一人。早在十多年前，他就意识到了旅游设计的重要性，意识到了如果中国想要变成旅游强国就要从旅游设计这一方向入手，把中国的景区规划做细、做精，从而才能把中国的旅游行业做大、做强，使得国人可以实现"旅游强国"的梦想。因而，他义无反顾地投入到推动中国旅游设计发展的事业中去。在这十几年里，他孜孜不倦，为中国的旅游设计奠定了深厚的理论基础。他标新立异地提出了"旅游是离家之外工作之余的生活方式"这一概念，重在强调旅游是人们的一种生活方式；他认为新时代的旅游产业除了"食、住、行、游、购、娱"外，还应添加旅游制造业（制）、旅游电子商务（网）、旅游教育业（教）、旅游设计业（设），共十大行业；他梳理了旅游设计行业的重心在于处理"空间载体、行为心理、商业形态"这十二个字；他提出旅游设计人员的职业使命是"亲近人性、对话山河、呼吸文化"。当我作为读者读了他的《旅游设计技术教程》样稿时，内心十分欣喜。一是为他高兴，在旅游设计行业中摸爬滚打了十几年的他，终于在今天把自己的所学、所知、所看、所想结集成册，供大家学习鉴赏；二是觉得这本书填补了业界该领域的空白，是具有很高学习价值的一本书。

该书从旅游、旅游设计的概论入手，循序渐进地深入展开。从旅游设计的原理、旅游设计的服务分类以及技术标准到旅游设计的公共基础方法、专项基础方法娓娓道来，引人入胜。书中让我印象深刻的有以下几点：

第一，该书另辟蹊径，用哲学观的"主体"、"客体"、"媒介"这一方法论对旅游系统进行归纳分类，由此产生了以旅游主体（游客）为主要对象的出游定制设计；以旅游客体（旅游目的地）为主要对象的旅游目的地规划设计；以中介环节（旅游要素）为主要对象的旅游辅助设计。这种具有科学性、合理性、创新性的解析问题的方法，在业界应该是独树一帜，着实值得被广大同行学习和推广。

第二，按照划分的旅游系统的几个子集，该书把旅游设计产品类型分成了五大类别，即区域旅游产业发展规划设计（A 类）、旅游目的地设计（B 类）、出游定制设计（C 类）、旅游辅助设计（D 类）、旅游微设计（E 类），并对 B 类设计按目的地尺寸的大小又分为了小尺度设计、中尺度设计和大尺度设计。其详尽的说明和叙述，使得旅游设计产品类型的分类明确和清晰了许多。在旅游规划行业服务分类和技术标准不统一的今天，我认为，这个分类是值得参考和提倡的。

第三，在旅游设计原理中，他提出要向大自然学习，不要让我们固有观念扼杀了自己的大胆而有创意的想法；在旅游设计公共基础方法中，他又对场地分析的十大要素进行了系统的分步介绍，并结合地理信息系统（GIS）从科技前沿领域出发，给读者提供了一个与众不同的场地分析视角；在专项设计的一系列方法中，他大胆提出应向西方学习，把遗产地和保护区的设计应划归为"值得保护的公共资产"这一概念。在乡村旅游设计中，他独创了"泰美乡居"模式，使得异地养老、乡村度假可以在现实生活中得到实现。如此诸多的独特见解和耐人寻味的思考把读者带入了一个全新的旅游设计"新大陆"。

第四，全书始终结合他从事旅游行业近 20 年来的实战经验，一语道破天机，非常精彩，且没有炫耀空洞的理论，这是其风格朴实的具体表现，在年轻的学者当中实为难能可贵。正因如此，这部书具有很强的可读性，是一本业内不可多得、使人爱不释手的好书！

理论源于实践，又高于实践，指导实践。袁健同志的这部专著是他多年潜心实践、勇于探索的总结，既有很深的理论水平，又有许多其独特的见解和想法。因此，该书是创新旅游规划设计行业的一个范例，对提高旅游设计质量具有重要的指导价值。如果旅游科研教育工作者、旅游专业的学员，以及旅游从业者能研读该书，我想定会受益匪浅。基于这种心情，我特意向大家推荐这部优秀之作。

目 录

CONTENTS

第一章　旅游之远见

第一节　旅游及旅游学

一、什么是旅游

（一）旅游的常见意义

"旅游是什么"，"旅游是怎样的事物"？多年来，各类词典、国际组织、学者等对"旅游"纷纷给出了各自的定义。

1. 词典中的解释

"旅游"一词最早出现在 1811 年出版的《牛津词典》中，将其解释为离家远行，又回到家里，在此期间参观游览一个或几个地方。

1927 年，在德国以蒙根·罗特为代表出版的《国家科学词典》中将旅游定义为：狭义的理解是那些离开自己的住地，为了满足生活或文化的需求，或个人各种各样的愿望，而作为经济和文化商品的消费者逗留在异地。

我国商务印书馆出版的《现代汉语词典》中对旅游的解释是：旅行游览。

在这些中外的一般性语言词典中，对"旅游"一词的解释通常是指人们因消遣性原因或目的而离家外出旅行的活动。强调其目的的消遣性。

2. 世界旅游组织的定义

"旅游是指人们为了休闲、商务或者其他目的而旅行到其惯常环境之外的地方并在那里停留持续时间不超过一年的活动。一个人的惯常环境是由其居住地周围的地区及其所有经常光顾的地方组成的。"其中对"惯常环境"的强调旨在排除人们在自己惯常居住区域之内开展的旅游性活动、在居住地点与工作地点之间的经常性的定期旅行活动，以及排除其他具有常规性特点的社区内旅行活动。本定义强调了异地性、暂时性、非就业性，但更倾向于技术性需要，主要是方便调查与统计的可操作性。

3. 英国学者的定义

1972 年，英国萨里大学的伯克特（Burkart）和梅特利克（Medlik）认为：旅游发生于人们前往和逗留在各种旅游地的流动，是人们离开平时居住地和工作场所，短期暂时前往一个旅游目的地运动和逗留在该地的各种活动。

4. 艾斯特定义

旅游的艾斯特定义是由瑞士的学者享泽克尔和克雷夫合著的《普通旅游学概要》一书中首次提出的。该书指出：旅游是非定居者的旅行和暂时居留而引起的现象和关系的总和。这些人不会导致长期定居，并且不从事任何赚钱的活动。

艾斯特定义中，用"非定居者"强调了旅游活动的异地性，用"不会导致长期定居"强调了旅游活动的暂时性，"不从事任何赚钱的活动"则强调了旅游活动的非就业性，而"现象和关系的总和"强调了旅游活动的综合性。基于该定义对旅游研究的先期作用，这一定义被旅游专家国际联合会所采纳（1970年），由于组织的简称是 AISET，所以业界称之为"旅游的艾斯特定义"。

在上述的众多定义中，既有概念性定义又有技术性定义。技术性定义主要是为统计和立法提供旅游信息。而概念性定义旨在提供一个理论框架，用以确定旅游的基本特点以及将其与其他类似的、有时是相关但不相同的活动区别开来。由此可见，每种定义的提出都旨在适应某种特定情况，旨在解决某一个与此直接相关的问题。

（二）远见机构对旅游定义的认识

"旅游是人们离家之外、工作之余的生活方式"。

我们对旅游给此定义的核心在于强调旅游是一种"生活方式"。特殊的限定是，其一这种生活方式发生在居家生活和工作之外；其二这种生活方式不是为了工作报酬而展开的，而是属于"工作之余"的范畴。

历经"生产时代"到"生活时代"，传统的旅游概念已经发生了很大的变化，今天的旅游已不仅仅是人们为了追求更高层次的需求而表现的行为。就当前社会而言，旅游就是一种生活，旅游已发展成为人们生活中不可或缺的一部分。现时，人们的生活方式的大集合可以划分为四个子集：一是居家工作着的生活；二是居家非工作的生活；三是离家工作着的生活；四是离家非工作的生活。作者给出的旅游定义划定了最后这一子集的领域。

旅游这一子集本身又有"生活的层次"。有人说，旅游的第一层面是游览景区，第二层面是体验生活，第三层面是通过场景的转换去发现新的自我。既然旅游是一种生活方式，那么就要求社会能够提供这种生活方式所需要的载体和服务，创造出一种人们喜欢的生活；既然旅游是一个对自我重新发现的更高境界，那么只要创造一种人们能够发现自我的新的时空场所，它如不是家，也不是工作场所，便也就可以是一种新的旅游资源。

旅游的概念定义变革了，旅游资源的定义就变革了。传统意义上的旅游资源如山水名胜、历史遗产，它们不仅仅只是被继承，而且随着创意、跟着需求而不断被创造。

远见对旅游的定义并非要标新立异，而是为了切合中国目前的旅游业发展的阶段特征，便于对接后文要展开的"旅游设计"的对象、任务和技术方法的理论构建。

二、旅游学的发展

与传统经典学科如数、理、化、天、地、生等相比，旅游学尚属年轻学科。由于旅游学尚处于快速发展之中，还未形成统一的学科体系，理论上也不成熟，因此国际上一般将旅游学称为旅游研究（Tourism Studies）。

旅游学能否独立存在，取决于能否建立起自己的一套理论体系，该体系的基础是定义和术语，核心就是定律。定义和术语是表明这一学科对于特定研究对象的概念所做的科学的界定。

将旅游作为科学研究对象进行理论探讨，从 19 世纪末意大利人博迪奥

（Bodio）最早的研究算起，其历史尽管逾百年，但较大的发展仍然集中在最近三四十年。有学者指出，大多数旅游研究是在1970年以后，其中50%的研究更是在1980年以后。

旅游研究最早集中在经济学领域。1928年意大利的马里奥蒂出版了《旅游经济讲义》一书，对旅游现象作了系统剖析和论证，得出的一个结论是：旅游活动是属于经济性质的社会现象。这一观点随后就受到了挑战。1935年，德国学者葛里克斯曼出版了《一般旅游论》一书，对旅游现象的发生渊源、基础、性质和社会影响等深层次的关系进行探索，指出旅游研究应包括对旅游现象的基础、发生的原因、运行的手段、性质及其对社会影响等问题的研究，是范围非常广泛的领域，需要从不同学科去研究，而不是只从经济学的角度。1942年瑞士的亨奇克等人出版了《旅游总论概要》一书，进一步认为"旅游现象的本质是具有众多相互作用要素和方面的复合体，这个复合体是以旅游活动为中心，与国民、保健、经济、政治、社会、文化、技术等社会中各种要素和方面相互作用的产物"。

20世纪60年代，其他学科的学者开始参与旅游现象的研究，首先社会学家对旅游与社会发展的关系开展了研究活动，继而人类学家对旅游活动中人际关系及主客间不同文化背景接触导致的相互作用和影响进行了研究，在学术上出现了"旅游社会学"和"旅游人类学"概念（申葆嘉，《旅游学刊》《论旅游学科建设与高等旅游教育》，1997）。20世纪70年代末，出现了对旅游现象进行有组织、有目的的多学科综合研究。由贾法利（Jafari）在1973年创办并主编的《旅游研究纪事》，从1973年第6卷至1993年第20卷每卷都有一期专辑，分别以旅游社会学、旅游地理学、旅游管理学、旅游教育、旅游人类学、旅游与政治学科等为主题，这也就意味着旅游研究进入了一个新的阶段。从20世纪80年代开始，一些学者提出，旅游研究不仅要用多学科研究方法，而且要进一步采用跨学科研究方法。

从国内外旅游教育的发展过程来看，旅游教育与人类游憩福利的提高、旅游需求的增长、区域与城市旅游产业的发展、旅游研究成果的积累是密切相关的。旅游作为一门独立学问并在大学设置专业，至今不过40多年的历史（Airey，2005）。在高等教育体系中，旅游最初是作为职业教育被引进大学的，但是，随着产业发展、研究深入和队伍壮大，课程体系越来越复杂，并且出现了不同的专业方向，如旅游管理、酒店管理、会展管理、旅游规划等。

中国旅游研究在 1978 年改革开放之后才开始，尽管其理论水平在总体上距离国际水平还有一定的差距，但是近年来已经呈现出快速发展的势头。在旅游研究质量方面，以前"轻理论、重应用"的研究局面已经有所改善，在旅游学基础理论研究领域已经形成初步整合。

1999 年，宁波远见旅游研究事务所成立，国内媒体报道为"中国首家民间旅游研究机构"。迄今发展为"浙江远见旅游研究院"，依然作为民间的专业化旅游研究平台进行着丰富的理论探索。

三、旅游系统暨旅游研究的学科体系

旅游活动是一个涉及众多要素和部门的人类复杂行为的社会现象。随着人们对旅游活动的认识逐步深化，旅游系统的观点终于成为解释旅游活动的结构、构建旅游学体系的重要理论武器。

早期研究者认为，旅游活动主要由主体、介体和客体三个方面的要素构成。随着第二次世界大战后大众旅游的迅速发展，人们对旅游现象的系统认识也越来越深入。一些西方作者对此进行概括和提炼，提出了若干旅游系统（Tourism System）学说。美国德州 A&M 大学教授冈恩在 1972 年提出了旅游功能系统模型，30 年后（2002 年）又在该模型的基础上提出了一个新模型，这一模型突出了旅游活动中的供求关系，将系统分为供给和需求两个子系统。为了促进旅游研究的整合，1981 年利珀（Lieper）在前人研究的基础上构建了一个旅游系统。他认为旅游是一个有五项要素构成并和外部环境进行交换的开放系统，这五项要素包括旅游者、客源地、出行途径、目的地、旅游业。美国学者米尔和莫里森在总结其他学者成果基础上，将旅游系统分为市场、旅行、目的地、营销四部分。吴必虎（1998）提出的旅游系统强调了政策、政府等公共管理的隐性作用，划分旅游系统包括四部分，即客源市场系统、出行系统、目的地系统和支持系统。

对旅游系统的观察、分析和研究涉及多个不同的学科，因此旅游学是一个多学科体系，其研究对象是旅游现象。旅游现象是一种从客源市场系统向目的地系统的空间移动现象，因此和地理学的研究对象有交叉；旅游现象是旅游者和目的地居民之间的社会相互作用，又是一种社会现象，因此和社会学等学科有交叉。综合研究之下，可发现旅游学至少是由旅游经济学、旅游地理学、旅游社会学、旅游人类学等不同的分支学科构成的。

第二节　旅游产业的构成

一、旅游产业说

旅游业是否具有产业属性，长期以来在旅游学术界存在着较多的争论。产业是所有生产相同产品的单个企业的集合，而产品是否相同是根据交叉需求弹性理论中的可替代性来限定的。旅游是一种相差悬殊的经历或过程，不是一种平常意义下的产品；旅游是一种社会现象，不是一般的生产性活动；所有旅游者支出的总和并不是这一组相似企业的收入所得，所以一些学者认为旅游不是一个一般意义的产业，更像是一个部门，影响着一大批产业。

那么又何以把旅游业称为"旅游产业"呢？从消费角度看，旅游者通过空间移动获得的经历或体验，涉及许多企业的产品与服务，旅游者在每个旅游环节的选择上具有很大的自主权，这表明旅游服务和产品之间存在着明显的替代关系。从供给角度看，旅游业为旅游者所提供的旨在满足旅游者需求的旅游产品是一种组合产品，它是由各个单项的旅游产品组合而成，每个旅游企业的生产过程都是整个旅游生产过程中的一个环节，因此旅游产品的生产具有类似的"生产技术"、"生产过程"、"生产工艺"等特征，可见从供给角度可以视旅游业为一个产业门类。

二、旅游产业的"家族成员"

旅游业不同于传统意义上的产业，它是一个综合性的产业，与许多行业的发展都有着密切的关系，它除了平常所说的"食、住、行、游、购、娱"六个要素以外，我们归纳提出：新时代的旅游产业还应包括旅游装备制造业、旅游电子商务业、旅游教育业和旅游设计业新四大子项，可简称为"制、网、教、设"。

（一）旅游装备制造业

旅游装备制造业即为旅游行业提供一些专有设备制造的企业，如娱乐设施、游览用品、旅游用具等。

（二）旅游电子商务业

旅游电子商务业是指以网络为主体，以旅游信息库、电子化商务银行为基础，利用最先进的电子手段运作旅游业及其分销系统的商务体系。信息时代的到来为旅游业的发展拓宽了道路，信息化使人们能够更方便、快捷地从网络上获取旅游目的地的信息，并迅速反馈信息，达到和旅游地良好沟通的目的。现代经济社会的发展已经表明，旅游电子商务展现和提升了"网络"和"旅游"的价值，提供了更加个性化、人性化的服务，成为现代旅游企业市场开发、产品推送、过程服务的新渠道。

（三）旅游教育业

旅游业是典型的劳动密集型产业，人才需求量大、就业方向广，但人才的竞争对旅游从业人员的素质和技能提出了更专业的要求，需要层次丰富的教育、训练、培训，因而旅游教育是旅游产业发展不可忽视的重要行业。

（四）旅游设计业

旅游设计的提出是我们远见机构的核心呼吁。正像在工业化浪潮中工业设计所创造的奇迹一样，旅游设计不仅是连接旅游主体、客体和介体的桥梁，同时也是旅游产业发展的"前景和方向"的探索者，是旅游产品的"构建与选型、研发和进化"的关键技术环节，深远地影响了旅游活动中的供给与需求两大系统。

第三节　中外旅游业的现状扫描

一、中国旅游业发展现状

我国经济经历了持续三十多年的高速增长，城乡居民的人均收入普遍得到了提高。在人们的基本生活需求能被满足的同时，追求高品质的生活方式是中国社会的必然趋势，而外出旅游正是衡量高品质生活的一个重要指标，我国居民的旅游需求在伴随着其可支配收入的持续增长而迅速增加。我国旅游业发展的阶段性特征主要概括为以下几个方面。

（一）起步较晚，发展迅猛，且对国民经济影响深远

新中国成立前，我国旅游业发展基本停滞，旅游产业没有形成。新中国成立后到改革开放前的 30 年，我国旅游业主要局限为外交和民间往来活动服务的入境旅游，国内旅游基本是一张白纸。1978 年，我国接待入境旅游人数 180 万人次，仅占世界的 0.7%，居世界第 41 位；入境旅游收入 2.6 亿美元，仅占全球的 0.038%，居世界第 47 位。1978 年党的十一届三中全会确立改革开放政策，旅游业才算真正起步。三十多年来，随着我国经济持续快速发展和居民收入水平较快提高，我国旅游人数和旅游收入都以年均两位数以上的增速持续发展，已经成国民经济的重要产业，成为继居住产业、汽车产业之后增长最快的居民消费领域。2013 年国内旅游收入 2.85 万亿元，同比增长 12%；旅游外汇收入 517 亿美元，同比增长 3.3%；全国旅游业总收入 2.95 万亿元，同比增长 14%。新增旅游直接就业约 50 万人。有研究表明，旅游对住宿业贡献率超过 90%，对民航和铁路客运业贡献率超过 80%，对文化娱乐业贡献率超过 50%，对餐饮业和商品零售业贡献率超过 40%，旅游消费对社会消费的贡献率超过 10%。目前，我国已经跃居全球第四大入境旅游接待国和亚洲第一大出境旅游客源国。

（二）大众化特征初见端倪，旅游活动已步入"大众旅游消费"时代

大众旅游，顾名思义，是指旅游活动的参加者扩展到普通居民大众。按照国际上的一般看法，当人均 GDP 达到 1000 美元时，旅游需求开始产生；突破 2000 美元，"大众旅游消费"开始形成；达到 3000 美元，旅游需求就会出现爆发式增长。到 2013 年底，我国人均 GDP 已经达到 6629 美元，全年国内旅游人数达 32.5 亿人次，城乡居民人均出游率达 1.5 次；入境旅游人数 1.35 亿人次，入境住宿旅游人数 5730 万人次；出境旅游人数 9730 万人次。我国开放的出境游目的地达到 132 个。这些数据表明，中国已经进入"大众旅游消费"时代。

目前，我国城乡居民是旅游消费的主体，城镇居民是旅游消费的主力。旅

游人员的构成大体为两大块：一是在城镇，主要包括普通工薪家庭特别是月收入1万元以上的中高收入家庭的休闲度假旅游，以及离退休干部的疗养旅游、企事业单位职工和干部的奖励性旅游、教师学生假期旅游、各种公务和商务旅游等。二是在农村，主要是一部分先富起来的农民参团或自助外出旅游。

（三）旅游消费强度和消费结构处于"低消费、低水平"阶段

一是就消费强度而言，2010年我国入境旅游者人均消费约350美元，而目前全球旅游者的人均消费是850美元。即使在亚太地区，像澳大利亚的入境人均旅游已经达到2500美元，差距明显。国内旅游方面，2010年全国人均旅游消费约600美元，城镇略高，人均约1000美元；农村人均不到400美元。总体看，目前我国无论是入境旅游还是国内旅游，都属于低消费，发展空间很大。二是就消费结构而言，目前我国国内旅游消费的结构中食、住、行的比重较大，达七成以上，游览、购物、娱乐占不到三成。也就是说，旅游中物质消费多，精神消费少，整体消费水平低。一些旅游业发达国家和地区，如法国、新加坡、中国香港等，旅游消费中游览、购物、娱乐支出通常占到六成。近年来，世界经济论坛（WEF）的《全球旅游竞争力报告》对世界各国的旅游竞争力每年进行一次排序。据此报告，2013年在全世界133个国家中，中国旅游的综合竞争力仅排在第45位，大体处于中游水平。

（四）"观光旅游"、"中短距离旅游"和"散客游"等传统旅游仍然是国内旅游的主体类型

一是就旅游消费方式而言，在传统的观光旅游、休闲度假和商务旅行三大传统项目中，虽然近些年在我国休闲度假旅游发展很快，但到目前，走马观花式的观光旅游仍处于主体地位，活动内容比较单一，享受型、文化型旅游项目比较少，如健身、修学、寻根、考察、探奇、了解风土人情的专项特色旅游就更少了。与此连带的一个问题是，各旅游景区冷热不均，一些热点景区在热点时段往往人满为患，游客食、住、行等都相当困难。二是就旅游的地域性和时间期限而言，一般以中短距离旅游为主，远距离旅游相对较少。旅游时间期限较短，一般多为二至三天或三至五天，"一日游"也占有很大比重，一周以上旅游比较少。国内旅游热点通常集中在经济较发达、知名度较高、旅游基础设

施较完善的地区，如北京、江苏、浙江、上海、广东等地。三是就旅游的组织化程度而言，旅游者中自我服务的散客多，有组织的团体游较少。有研究表明，在目前我国每年1.3亿人次入境游客中，只有约15%是通过旅行社完成的；出境旅游9000多万人次中，通过旅行社的约25%；而问题最大的国内市场，只有不到6%的是通过旅行社完成的旅游。旅游的组织化程度偏低，会直接影响旅游及相关产业的总体规模。

（五）旅游业专业技术应用程度低，"零散"、"浮躁"、"山寨"的现象大量存在

行业的专业技术比行业成长更慢，起步晚的中国旅游业长时间以来摸着石头过河，再加上国民文化习惯中对软科学缺乏认识和重视，所以我国旅游秩序、旅行社、旅游景区管理、旅游教育、旅游规划设计的整体而言与世界发达水平差距甚远。目前，中国依然没有国际化的本土酒店品牌，没有具备国际竞争力的世界性旅行社。中国的景区管理理念还始终处于原料经济、制造经济的阶段，而中国的旅游教育也存在误区，旅游规划设计行业也待规范技术要求和转型升级。

二、世界旅游的行业发展现状

过去70年来，世界旅游业发展一直长盛不衰，其间虽然也有波动，但总体上呈现高速增长态势。纵观70年来世界旅游业的发展，呈现以下突出特点和发展态势。

（一）旅游业增长高速、持续、稳定，没有哪个行业可与之相提并论

有学者研究表明，就全球旅游者数量而言，从1950年到2000年的50年中，基本每隔十年就会翻番，从1950年的2500万人次增加到2000年的6.7亿人次；从2000到2010年的最近十年中，由于旅游者基数不断增加，增速有所放缓，但十年中仍然增加了2.7亿人次，到2010年达到9.4亿人次。就世界旅游业收入增长速度而言，过去60年中年平均增长率为6.9%，也基本是每隔十年左右就会翻番。据世界旅游组织公布的数据，截至2010年，国际旅游业经济总量占全球GDP的10%多，旅游投资占投资总额的12%多。国际旅游业在世

界经济中的地位和权重可见一斑。

（二）世界旅游市场逐步出现分化，呈现"三足鼎立"新格局

从旅游目的地的区域板块划分来看，长期以来欧洲和北美一直是世界上最受欢迎的两大旅游胜地，是全球旅游市场的"双雄"。但最近十年来，情况却正在发生快速变化。经济全球化和区域经济一体化的进程深刻地影响着世界旅游业的发展轨迹，也打破了原有的旅游市场格局。东亚及太平洋地区经济的崛起，为世界旅游热点向亚太转移创造了经济平台。国际旅游者对于旅游目的地的选择出现了多样化，东亚及太平洋地区已经成为第三首选目的地，从而形成欧洲、北美、东亚及太平洋地区"三足鼎立"的新格局。早在1950年，东亚及太平洋地区所接待的国际游客量不足19万人次，到2010年接近2.0亿人次，占全球份额约20%。据预测，到2020年，东亚及太平洋地区接待国际旅游人数占全球份额将上升为27.3%，超过北美（届时为17.8%），位居世界第二，进一步巩固"三足鼎立"新格局。

（三）世界已进入"旅游时代"

旅游已经基本实现了休闲化、大众化和社会化，成为人们普遍的一种生活方式和基本权利，世界已经进入"旅游时代"。半个多世纪以来，随着科技进步和经济发展，人们的休闲时间与日俱增，恩格尔系数则与时俱减。早在1995年，全世界就有145个国家实行每周5天工作制，其中大多数国家又实行每年5～52天不等的在职带薪休假制。有些发达国家甚至打算实行每周工作4天、每天工作5小时、每周工作20小时，并进一步延长带薪休假时间。在发达国家和地区，恩格尔系数已降到20%～30%，人们可自由支配收入大幅度增加。在这种背景下，众多旅游者旅游的目的也从传统的开阔眼界、增长见识，向放松身心、陶冶情操等方向转变，休闲度假旅游成为现代人生活的重要组成部分。从20世纪70年代末、80年代初开始，旅游者已不满足传统的观光旅游产品，开始选择具有鲜明地域特色、时代特色和个性特色的休闲度假旅游产品。欧美发达国家是休闲度假旅游的发源地。现在，休闲度假旅游已经成为最重要的市场方向，世界旅游强国基本上是休闲度假旅游比较发达的国家。其中，海岛、滨海休闲度假是旅游业的第一大支柱，在一些国家和地区成为主要经济收入来源，

如在百慕大、巴哈马、开曼群岛，旅游业收入占其国民收入的50%以上。

（四）旅游业已成为跨领域、跨行业的综合性、战略性产业

旅游业与科技教育、商务会展等产业的结合越来越紧密，特别是与信息化"珠联璧合"，成为跨领域、跨行业的综合性、战略性产业。一是科技进步和技术创新已成为世界旅游业发展的主要推动力。信息技术、交通技术的快速发展，促进了旅游需求多样化、旅游管理信息化、旅游装备科技化。在线旅游预订业务、电子旅游信息、电子签证和电子商务等正在改变旅游业的市场环境，社交网络的广泛应用也在改变旅游业的面貌。有关研究表明，目前全球旅游产品的在线销售额约占旅游销售总额的15%，未来5年，这个比例将上升到25%。人造主题公园则充分运用现代高科技技术，如声学、光学、计算机模拟系统等，增加对游人的吸引力。二是旅游业与文化体育产业的结合成为亮点。文化是旅游产品的灵魂，没有文化的旅游是没有生命力的。如奥运会、世博会这样重大的体育、文化盛会，既可以为主办国带来强劲的旅游客源和旅游收入增长，也可以传播本国文化、展示文明成果、提升国家形象。三是旅游业直接促进了与其密切相关的酒店业、餐饮业、服务业和生活用品及奢侈品消费。而且，旅游公司本身也可以成为庞大的商业帝国。如全球最大的旅游企业美国运通公司，资产总额2000多亿美元，有遍布全球130多个国家1700多家营业网点，年收入360亿美元。

当今，在经济全球化和世界经济一体化深入发展的巨大推动下，世界旅游业更是进入了快速发展的黄金时代。2011年3月3日世界旅游及旅行理事会发布的《2011—2021年旅游业经济影响报告》认为，尽管目前世界经济增长遇到了很多挑战和不确定因素的影响，但旅游业却一直是增长速度最快的产业之一，而且成为推动经济和就业增长的主要力量。预计未来十年里，世界旅游业对全球国内生产总值GDP的贡献每年将达到4.2%，总额为9.2万亿美元，并创造6500万个就业机会。

（五）旅游业与"国家战略"的结合加强，旅游业成为许多国家政治、经济、文化、外交的"人本化"手段

"亚洲四小龙"曾都把旅游业作为销售国家（地区）、吸引消费的国家战略

而长期加以实施，目前，"移动生活"、"移动文明"在地球村的作用范围和影响极具扩张，文化和消费的双刃作用也已对客源国及接待国产生了深远的影响。一些小国家的政治经济因为对旅游业的大量依赖，已构成了如阻断游客输入即可能引发国家经济危机的政治局面。

第四节　旅游的哲学

一、旅游与社会

旅游是当下的一种社会现象。人们心情愉悦的时候想旅游，忧愁烦恼的时候也想旅游。并且因为交通工具的改善和地球村式资讯的发达，旅游是大多数人或多或少生活方式的组成部分，已然成为一种社会现象。事实上，任何动物都有对其生活半径扩展的本能欲望，旅游即是人类生活半径扩张中对"非领地"的临时拥有。

二、旅游与自然

旅游行为多在大自然中展开。城市或各种大型的人工化空间、人工设施，都是人们应对大自然创造的工具、设施、庇护所等，并提供给人们一定的方便、安全和舒适的环境。但毕竟人们的大家园是自然界，所以，旅游行为中所涉及的对象依然是大自然或以大自然为本的某些人造物质。

三、旅游与认识

人类的认识来源于直接经验和间接经验两种。实践、直觉、现实、体验、经验、人际交往等会产生直接经验。反之，教育、书籍、传媒、影视等传递给人们的知识就会产生间接经验。

间接经验给人类带来了知识文化的传承，但相比而言，直接经验是不可替代的。鲜活、直观、悟性的认识更重要地来源于直接经验。因此，才有了"读万卷书不如行万里路"之说。

四、旅游与生命

所有动物的生命过程都一直伴随着其生存领地的存在。在领地已经被瓜分且赋予了许多社会权属的当下世界，旅游是生命体走出自己的生存领地，并且可以在其他的生存领地自由通行的和平方法。由之产生了生命之间的交往、交流和交换，继而有了生命的空间扩张和生命感受的丰满，同时也使得动物的"动"性十足。

五、旅游与经济

旅游是自然界中人类对自然领地的一种扩展，具有"被同意"和"有偿性"的特点，即不被同意就很难通行或者实现不了其生活半径的扩张，而被同意则是通过"有偿性"来实现的。"有偿性"正是旅游经济的本质。

第五节　推动中国旅游强国

五千年的中国文化是世界文明史上唯一一个没有断代、湮没，还依然"健壮"活着的人类文明。

自18世纪中国的衰落，到1949年新中国建立起来，再到这30年来的大踏步的和平崛起，我们的强国梦一代一代传承，高亢壮怀。"外交强国"、"工业强国"、"产业强国"，每一强国之柱都顶起了一片天。而今天已到了要高度强调"文化强国"、"旅游强国"的时候了。

旅游以文化为内涵，旅游活动是文化的重要载体。我们常说：文化强则国家强，而旅游强则是可以强文化，所以旅游可以"强国"，旅游业应抱强国之志。

工业经济的垂直分工对我国的发展有利有弊，利在于我国变成了世界"制造大国"，而弊也正在于此。我国相对缺少自主创新、自主研发的品牌，只是一味地加工、制造。然而由于竞争使然，这种现状也是即期不可避免的。作为进入工业化的后来者来说，必然要经历从制造到创造的蜕变之痛。而旅游经济则应该是水平分工，各行业可以发挥自身优势，优势互补。特别是我们又有上下五千年文明史的依托，文化底蕴深厚、文化积淀璀璨。我们的旅游业在国际分工中潜力巨大、舞台更广，其价值竞争意义深远。

旅游业日益与一个国家的人文、社会、历史紧密结合，成为国家"软实力"的重要方面。随着信息化、全球化时代的到来，国与国之间的竞争力已经从硬实力的较量，发展到文化形象等软实力的竞争。国际旅游的实质就是输出国家文化、形象和影响力，构成庞大的服务贸易，所以美国、法国、西班牙等发达国家都把发展旅游业作为国家战略，作为参与国际竞争的重要平台。

所以，远见机构响亮地提出我们的职业理想：推动中国旅游强国！

第二章　旅游设计

第一节　旅游设计的定义与对象

一、旅游设计概念的提出

（一）定义

旅游设计是面对旅游活动中所涉及的主体、客体、介体的全系统策划、解构、导演、筹谋，它涉及旅游活动的方方面面，具有前置性、技术性和创意性的特征，是旅游产业中"产品研发"的专业实现。旅游设计是对离家之外工作之余的这一生活方式所涉及的概念、态度、场所、用品及服务的综合创作，是旅游产品制造"出产"的技术支撑。

（二）概念的理解

旅游设计是旅游产业的一个分支，正如旅游是社会发展到一定阶段的产物，旅游设计也是因需求而产生，并伴随着需求的高涨而快速成长的行业。旅游业作为国民经济的战略性支柱产业将发挥越来越大的作用，而旅游设计正像工业设计对工业化的奇迹、服装设计对服装业的引领一样，是连接旅游主体、客体和介体的桥梁，引导着旅游产业发展和方向。如今，中国的旅游企业已经渐渐开始意识到旅游设计的重要性。

经过十多年的专业实践，我们梳理旅游设计的重心在于处理"空间载体、行为心理、商业形态"这十二个字。"空间载体"的重要性是它提供了旅游空间，并具有载体规模、品质、等级、容量等属性，它是旅游活动中的自然和人工的物质层面。人们的"行为心理"既有遗传、传承的成分，也有学习、训练的成分，行为心理则指明了旅游是人的活动、人的生活方式，它框定人的行为尺度、行为特征、行为参数，并受限于人的社会心理、个性心理。而"商业形态"则申明了旅游是不能隐晦的商业活动，过程与服务都需要一连串的商业供给的支持。在设计商业指向性的可行性、便利性、价值观的同时，又前置地影响了一次旅游体验的风格、方式。商业不成功的设计将事与愿违，或者说会成为不利经营、艰难营运的项目，会使最初美好的创意设想最终竹篮打水一场空。

旅游设计的行业服务包括规划、设计、策划、研究、咨询等。如用一个人来比喻，则研究如脑、咨询如心、规划如腰、设计如腿。

旅游设计的服务对象是人。所以必须贯彻"亲善"原则，要求亲近人性、善待自然。

旅游设计不是对目的地进行纯工程的粗放型的规划，而是对旅游产业空间、业态、方式、行为、产品、文化、服务等方面进行全方位综合考虑，如同工业设计的理念是"在符合各方面需求的基础上兼具特色"，旅游设计是"按某一需求进行侧重化的方案解决"。从这个概念上分析旅游设计的性质：第一，旅游设计的目的是取得旅游产品与人之间的最佳匹配，这种匹配是指与人的生理、心理等各方面需求相吻合的、恰到好处的匹配；第二，旅游设计必须是一种创造性的文化工程的活动，具备跨界的应用性特征。

二、旅游设计的对象

旅游设计的对象包括旅游主体、旅游客体和旅游介体。

传统的旅游设计的对象主要是旅游吸引物，即对旅游目的地资源开发的设计，而随着社会经济的发展，旅游需求发生了新的变化，旅游设计行业的竞争也在加剧。远见机构在实践中发现，除对目的地旅游资源进行设计外，还要对旅游者的行为心理、需求方式和旅游企业的服务形态、商业模式、现状氛围等进行设计。旅游设计的内容在不断地发生变化并且随着需求的发展和技术的进步，更多的横跨三域（主体、客体和介体）的旅游设计也在不断涌现，如企业旅游线路的设计、城市气质形态的设计等。旅游设计工作的核心魅力就在于因为市场的需求和走势而不断创新设计任务。

第二节　旅游设计的系统及其分类

一、旅游系统

旅游这一生活方式与其他生活方式就"生活"而言无异，于哲学层面，我们依旧可用"主体、客体、媒介"的三分法来导入思考。旅游活动中的"主体"即为游客；"客体"为游览对象，或更标准一些，定义为旅游目的地系统；"媒介"则为连接主体与客体之间的各关联要素、现象。

旅游设计的对象自然也就是这个由主体、客体和媒介构成的旅游系统。根据每次任务命题的侧重点不同，设计的要求可能就会有很大的不同，有时针对全系统进行设计，有时针对这一系统的局部进行设计。以客体——目的地为对象的设计构成"地"型旅游要素设计系统；以主体——游客为对象的设计构成"人"型旅游要素设计系统；以主体、客体之外的中介环节为主要对象的设计构成辅助要素设计系统。

旅游系统以主体（游客）、客体（旅游目的地）、媒介（旅游要素）三者为基础，并在此基础上延伸、扩展、细分。我们把三者之外的，范围和区域更广的作业任务称为"区域旅游产业规划"，散落于三者以外，且不足以到一个子系统的层面，但却更具体和细化的作业任务则归纳为"旅游微设计"（见图2-1）。

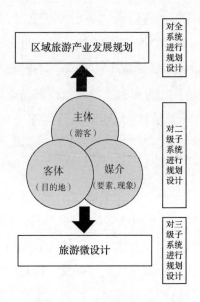

图 2 - 1　旅游设计系统

二、旅游设计的分类

为了更好地展开对旅游设计的讨论，我们把日常的工作任务进行了以下的分类归纳。

（一）区域旅游产业发展规划

区域旅游产业发展规划是在我国的国情下发育比较早、依然盛行的一个规划类型，起到了不小的作用，有很大的工作意义，但诟病也最多。因为已有国家《旅游规划通则》对此的严格界定，所以不再赘述。

我们把之归类为"旅游设计"大类中的一种，并非要走入概念学的游戏，而是要用"设计"的理念"深度化、产品化、应用化"，这类规划作业的价值含量，发挥弘扬这一类型作业立项的社会意义，探索今后的技术方向。

（二）旅游目的地规划设计

旅游系统中游览对象的组合与所在构成了"目的地"，目的地在空间尺度和行政概念上可大可小，大到几个国家、一个区域，小到一个城市、一个景区。

目的地因任务的提出或问题的选定而"界定"了范围，一旦有了明确的范围，范围内所包含的地域大小则成为明确的参数。如"世界屋脊青藏高原的旅游设计"，命题的选定为"世界屋脊青藏高原"，范围自然就指向了青藏高原这一地理单元所涵及的西藏自治区、青海省、四川省西部高原以及邻国尼泊尔、不丹等地；又如"普陀山的旅游设计"，则对象范围缩小到十分具体的一个岛屿山岳。

（三）出游订制设计

旅游系统中的主体是游客，即待要践行旅游生活的芸芸众生。人的国籍、年龄、性别、受教育程度、经济收入等均不同，因之对旅游生活的"消费行为的组合要求"又各有殊异。随着个性、小众时代的来临，特别是网络技术的普及，把零散的"小众"网成小群体也可行可及。针对特定的人群或已明确的旅游目的所进行的游程及游览产品的选择、排列、组合、服务安排等的设计，则是出游订制设计。如残疾人游北京旅游设计、××中学初三师生课外观察学习团的旅游设计等。

（四）旅游辅助设计

在日常工作实践中，把在主要性质上不能归为上述目的地设计和出游订制设计的，但又明确与旅游现象关联的设计事项归入旅游辅助设计。如旅游交通设计、旅游服务设计、景区的营销策划、市场推广设计等。

（五）旅游微设计

如果说区域旅游规划设计是针对一特定区域的全旅游系统的规划设计，旅游目的地设计是对旅游系统中"客体"为核心的设计，旅游订制设计是针对旅游系统中"主体"为核心的设计，旅游辅助设计是针对旅游系统中"媒介"为核心的旅游设计，那么，旅游微设计就是既有针对旅游全系统的一面，又不完整、分等级地针对到主体、客体、媒介各子系统中的某一要素的设计。如"旅游导示系统设计"，它是全系统的，涉及主体、客体、媒介，但同时又只能算作这个子系统中的"零件"。对二级系统而言，设计指向"零件"化的特征，是旅游微设计任务类型的主要特征。

第三节 旅游规划设计的发展历程

一、旅游设计与旅游规划的比对

国内旅游业历经三十多年的发展，发生了巨大变化，特别是 2009 年国家"把旅游业培育成国民经济的战略性支柱产业和人民群众更加满意的现代服务业"政策出台以后，旅游业成为令众人关注的前沿话题，其发展呈现出一派欣欣向荣的景象。但是，从报纸媒体和文献资料中可以看出，关于旅游设计的研究很少，且大多限于微观旅游要素的设计，缺乏完善的理论体系，对旅游设计的有关原理的研究探索寥寥无几。

旅游设计和旅游规划一脉相承，二者既相互关联又有所区别。旅游设计是旅游规划的纵向延伸，旅游设计的一些基础技术和方法借鉴于旅游规划，旅游规划的一些基本原理同样适用于旅游设计。二者的不同点在于设计的支点是通过人为手段，将人的情感作用于设计对象，以"功能、过程与形态的具体化的美"为营造核心，包括硬件、软件的设计，也包括情节、境语的塑造。而规划则是比较长远的发展计划，是对未来整体性、长期性、基本性问题的思考和考量，具有全局性、战略性和概括性。具体于旅游领域来说，旅游设计是落地的、执行的、实践的、创意的、产品化的、平等的；而旅游规划则是长期的、战略的、宏观的、宽泛的、上对下的、管制的。设计较个性化和人性化，规划较公众化、规范化，旅游规划因此与旅游设计区别开来。旅游产业发展的技术进步必须在规划的基础上上升和延伸到设计层面。

二、近现代世界旅游规划的发展

科学化的旅游规划工作，最早出现在美国，1959 年的夏威夷州规划（State Plan of Hawaii）可以看作是现代旅游规划的先驱，旅游规划第一次成为区域规划的一个重要组成部分。20 世纪 60 年代，法国、英国相继出现了正式的旅游规划。1963 年，联合国国际旅游大会强调了旅游规划的重大意义。随后，马来西亚、中国台湾、斐济、波利尼西亚、加拿大、澳大利亚、美国及加勒比海地区均兴起了旅游规划。20 世纪 70 年代起，旅游需要规划的概念开始为许多国家及国际组织所认同和重视。世界旅游组织、联合国发展计划署（UNDP）、世界银行（WB）等国际组织积极推动并参与了菲律宾、斯里兰卡、尼泊尔、肯尼亚等国的旅游规划编制工作（吴人韦，2000）。世界旅游组织于 1977 年结集出版了有关旅游规划的全面综合性文件。20 世纪 80 年代，旅游规划传播到了许多欠发达国家并进一步普及和深化，还出现了对现有旅游规划的修改和更新。

虽然相对于其他规划研究，旅游规划是个年轻的领域，但世界各国对旅游规划的研究已经积累了相当丰富的实践经验和研究成果，许多作者已编撰专著或撰写论文对旅游规划的基本模型、一般范式进行了探讨。例如，冈恩和瓦尔（中译本，2005）在其《旅游规划：理论与案例》一书中对旅游规划的基本概念、一般理论和经典案例进行了权威剖析，成为旅游规划领域最广为人知的专著之一。因斯克谱（1991）在其《旅游规划：综合与可持续发展的方法》一书中从可持续旅游角度归纳了旅游规划的一般程序和编制方法。因斯克谱（1994）还为世界旅游组织就国家和区域旅游规划编写出版了一些方法和实例的著作。霍尔（2000）对旅游规划的政策、过程和利益关系进行了较为系统的阐述。此外，凯萨和赫伯（1978）的《旅游规划》、斯泰恩斯和哈洛伦（1987）的《旅游规划》、阿代朱翁（1993）的《旅游规划基础》、维尔（2002）的《休闲与旅游的政策与法规》等都是关于旅游规划的系统研究专著。

近期的旅游规划比以往更为强调旅游开发的环境和社会文化因素，可持续发展的理念在旅游规划中得以体现。随着规划的发展，人们更多地将重点放在如何有效地实施规划上（Inskeep，1991）。

20 世纪旅游规划的系统梳理，见彭斯（1999）在下表的总结（表 2-1）。

表 2 - 1 旅游规划的变化历程

时代	公共部门规划主流范式	旅游规划发展阶段	典型旅游特征
20世纪50年代	战后重建，氛围乐观，进一步实施和采用	事实上不存在公共部门旅游规划	虽然受战后朴素主义限制，但对"外面的世界"的好奇产生了国际短距离旅游的萌芽；商业飞机起用；假日野营地在美国继续盛行
20世纪60年代	逐渐认识到规划和社会研究的共生关系；分区、土地清理、城市群；认识到社区包含多种邻里关系；整体规划指导专项规划；以科学的方法确定经济体的发展目标	不切实际的旅游形象定位；没有将旅游与其他经济部门放在同等地位上；政府将投资动机和运作放在首位；缺乏对旅游部门的批评性分析；不关注规划实施；整体规划蓝本得到普及	科技发展、闲暇时间、可支配收入的增多和旅游动机的产生使20世纪60年代迎来了大众旅游时代；追寻大自然的旅游形式占统治地位；穿越北非和印第安的"嬉皮士线路"
20世纪70年代	从配置规划转向寻求在规划框架的指导下是规划合法化的创新性规划，用已有制度设立新制度；公共规划者是可调配资源的公共企业家；反馈机制的不断应用	旅游规划达到顶峰；奢侈胜地旅游成为焦点；"规划者知道什么是最好的"思想；针对目的地自我需求和期望的旅游规划中缺乏政治影响；社区参与观念融入主流旅游规划；旅游企业树立国家发展战略	技术在航空（飞机更大、更快、更便宜）和电子信息领域飞速进步；确保短途或跨区域旅游的强劲增长；阳光式旅游仍然是最主要的旅游方式并不断扩充
20世纪80年代	英美整治措施更强调企业家意识，对城市更新采用"放手"管理方式；公共资产的私有化；消费和形象建设为导向的发展战略；零售业从城市中心转向郊区；意识到文化产业可以帮助重建衰落的工业经济	旅游对经济、社会文化和环境影响引发了对建立以综合协调发展为目标的框架的需求；例如，成本收益分析使部门化战略开始出现；北美地区开始意识到社区参与的意义	这一时期，复合型经济财富造成国际旅游需求缓慢增长；经验丰富的旅游者不满足于"4S"压迫下的传统旅游目的地，而是在消费主义和"越多越好"观念的影响下向往更自然、更新奇和未开发的旅游目的地；担心旅游可能导致艾滋病扩散

续表

时代	公共部门规划主流范式	旅游规划发展阶段	典型旅游特征
20 世纪 90 年代	以地方利益作为规划根本所建立的网络体制，成为指导公共部门和私营企业合作的参考依据；越来越多的贫困国家（厄立特里亚、也门、柬埔寨、越南、加纳、乌干达、阿尔巴尼亚等）以旅游业来推动经济发展	如果缺乏周详的规划，第三世界国家将无法从旅游发展中得到收益；旅游目的地管理需要社会学家、人类学家、环境学家、人力资源专家和物质基础实施规划者的共同参与	亚太地区旅游飞速发展；生产者和消费者可以进行直接沟通；"新旅游者"寻求个人文化感知的自我实现（如在质和量上的权衡）；生态旅游和特殊兴趣旅游出现，大众旅游增长缓慢；冷战结束后到东欧国家旅游更为方便

三、我国旅游规划的研究观点

我国于 20 世纪 70 年代末开始成立国家旅游局，而国家级旅游发展规划的编制始于 1979 年。张广瑞（1993）从规划编制人员角度将中国旅游规划的发展初期划分为 4 个阶段（4 种类型）：（1）地理专业人员开辟新领域，侧重于旅游资源开发利用规划；（2）城市规划人员（包括城建、风景园林部门和建筑规划院校）在风景名胜区和历史文化名城领域大显身手，利用原有较好的规划规范和硬件技术，以历史文化名城和风景名胜区为主要领域，编制为数不少的以物质规划为主的旅游规划；（3）政府旅游主管部门制定全国或区域性旅游发展战略规划，自 1986 年国家将旅游业发展列入国家社会经济发展总体规划之后，国家旅游局着手制定全国旅游发展的总体规划，同时也要求地方旅游主管部门编制当地的规划；（4）旅游规划大发展，也就是民营规划咨询机构的涌现。

范业正和胡清平（2003）进一步总结了中国未来旅游规划的发展趋势：由政府主导型向市场引导型转变；旅游规划将更加具体、深入和专业，景区级的微观规划和企业咨询性的规划将增多；旅游规划将走向更加精致化发展；境外旅游规划咨询单位的发展趋势应是：旅游规划技术的整合，走向合成的动态规划过程，走向网状的实施监管。

21 世纪初，随着旅游规划实际案例研究的增加，一些带有理论性总结的著作开始在中国出现。其中旅游规划概论性的著作包括王兴斌 2000 出版的《旅游产业规划指南》、黄羊山 2004 出版的《旅游规划原理》等；规划案例总结、汇编的著作包括袁健 2001 出版的《宁波市旅游发展规划与研究》、王云才 2004 出版的《乡村景观旅游规划设计的理论与实践》等；专题性的著作包括吴殿廷 2003 出版的《水体景观旅游开发规划实务》；对水体景观，刘滨谊 1999 出版的《现代景观规划设计》等；对自然原始、人造生态、历史文化和纪念性景观包括魏小安 2002 出版的《旅游目的地发展实证研究》、沈祖祥 2007 出版的《旅游策划的理论方法与定制原创样本》、杨振之 2007 出版的《旅游项目策划》对旅游策划等的研究著作。一些省市旅游总体规划的正式出版，也为我们提供了研究、参考的模板。出版的工具书性质的著作包括唐子颖、吴必虎等译的《旅游与游憩规划设计手册》（鲍德·博拉和劳森，中译本，2004），刘家明、刘爱利翻译的《旅游目的地开发手册》（戈弗雷、克拉克，中译本，2005）等。

四、中国旅游设计的时代已经来临

（一）中国旅游规划行业的弊病

中国旅游规划行业在改革开放三十年来的发展，主要集中于后半期（1996—2011），然而在这段期间旅游规划业也暴露了很多的问题。因为国情体制和文化取向的缘故，我国的旅游规划各地均从大处着眼，高大全式推进，不提"世界领先、全国一流"就觉得欠缺了斗志。"浮夸风"、"造作风"、"山寨风"、"文艺风"四风劲刮，虽然作用大有，风也强劲，但长远来看却是搅乱了一池春水，使社会业界普遍对"旅游规划"的规范、价值、团队产生了一定的质疑，积累出来的问题总结如下：

一是自上而下，下盘不实，忽视漠视实用基础技术的研究应用推广；二是高论规划，避谈设计，殊忘了"规划如腰，设计如腿"，腰给力、腿走路的现实之需；三是唯利是图，浪费严重。这里的"唯利"既有政府导向的"唯利"、开发投资方的"唯利"，也有规划方的"唯利"（属小利）。这里的"浪费"则是包括开发工程的浪费，资源价值的浪费以及工作过程、决策流程的诸多浪费。

（二）旅游规划设计应立足于"旅游设计"

规划的多学科性质反映了其"决策性"，而设计的多学科性则落脚在"应用技术"。强化"设计"并不排除"规划"的理念。设计聚焦了这一工作领域的技术核心和专业重心，正如工业设计对于工业发展、服装设计对于服装业的发展一样，旅游设计对于整个旅游业的发展是十分重要的。

国外在 Planning（规划），我们更重要的是 Design（设计）。发达国家的旅游业发展有两点与我国大不相同：其一，它们是在经济已发达（比之中国）起来后再全面重视发展旅游；其二，它们是在私有制下个体活跃、应用技术扎实的基础上的为了全局统筹而进行的上位规划。所以国外重规划"可行"，而我国则重设计为"可取"。

（三）已大众化、日常性的旅游活动离不开旅游设计

从微观上讲，旅游业的发展离不开旅游设计。一方面，发展旅游业要靠旅游设计的引导，就像服装业要靠服装设计来引导一样。旅游设计是跨界的、有横断性的一种设计，它所具备的技术作用、技术价值和技术产业的融合特点不仅专业性很强，而且综合性也很高。

另一方面，旅游设计直接决定着旅游目的地发展的素质、软件、内涵、品位和方向，从而决定着当地社会经济效益。旅游设计影响着未来旅游业的规划设计方向：旅游设计发展得好，旅游业就会朝正确的轨道发展；反之，旅游业就会走下坡路。因此，旅游设计行业是整个旅游产业的技术内核。

从宏观上讲，旅游设计是社会的产物，它的发展关系到社会的方方面面。旅游设计就如同"一杯水"，可以注入农业、工业，可以注入城市、古镇、校园，也可以注入科技、商业，还可以注入每个人的生活，乃至心灵。所以说，旅游设计关联到生活的各个方面，是整个社会综合文明程度的显现。

（四）中国旅游业今后三十年要由制造时代走向创造时代

就目前而言，中国设计创意产业中，旅游设计是最具潜力的领域之一，同时也是最需迫切发展的行业。中国经过 30 多年的努力，旅游业从小到大，实现了从旅游资源大国向世界旅游大国的历史性跨越，进一步向实现世界旅游强国的目标迈进。但是我们也必须看到，我们的旅游产品还不够精致、不够高级，

附加值低，组合性也有些问题，加之我国的旅游业还有着较多原料经济、制造经济的印痕。要走出这一阶段，技术、设计、创造是力量的源泉，发展旅游设计正是一条重要且必经的途径。

五、远见团队在旅游设计领域的坚守探索

宁波远见旅游设计公司是于1999年在浙江宁波成立的。两年后，杭州远见旅游设计公司、西安远见旅游设计公司也相继创办，"远见旅研"的商标注册也批复完成，这一商标在2013年底被认定为"中国驰名商标"。深受"服装设计对服装业有着至关重要的影响"的启发，企业创办者倡导突出设计、强化设计、做旅游业界的设计师的理念，一直强调只为旅游而设计的专业专注。14年来远见团队通过专一、专业、专心的坚守，不断探索、壮大成长。

今日远见机构的"旅游设计集团"已有成员500余人，在我国的杭州、上海、北京、广州、西安、成都、长沙、武汉、太原、贵阳、兰州、昆明、哈尔滨、乌鲁木齐、宁波等16个城市设有子公司，并以海外办事处的方式使业务触角延伸至迪拜、曼谷等中东国家、东盟各国，形成了名副其实的全国品牌和亚太平台。2012年年初，作为进入新12年发展历程的远见中国旅游设计集团，响亮地提出了"打造旅游设计的国际化航母"的明确目标。

三十年来中国旅游的"规划设计"界在"旅游规划"的大旗下发展壮大，探索前进。远见团队则一直在突出旅游设计的定位上孜孜以求，由之对旅游规划设计界的"下盘不实"进行了专业的、实践的弥补，也积14年之力梳理总结了许多旅游设计领域的"概念、理论、技术、规范、方法以及思考"，这也是本书的素材出处。

通过多年的实践探索，远见团队总结出旅游设计行业必不可少的"十大专业、合金平台"，即资源环境、城市规划、建筑设计、园林环艺、旅游管理、投资经济、市场营销、艺术宗教、休闲养生和文化历史哲学等。专业结构决定着决策构架的格局、境界、理念、价值，在旅游设计过程中，必须充分利用和结合这十大专业力量，从构思到确立一个切实可行的方案再到后期实施。例如，根据作者总结出的旅游区总体规划"6·12"模式，首先要对旅游区基础条件

进行分析，提出规划总纲，然后对旅游区的功能格局、重点项目、专项设施和运营匡算等内容进行规划设计。在进行基础分析时，就必然少不了对资源环境、旅游、地理、历史等专业的需求，在进行功能分区规划时，需要城市规划专业人才的参与，在进行重点项目和专项设施规划时，需要建筑、园林等专业人才的参与；在进行运营匡算的时候，也少不了对投资、经济和营销等专业的需求。旅游设计就是将各学科专业知识加以协调和运用，最终形成综合性和专业性都很强的跨学科新兴行业。

作者从旅游设计概念的提出，到旅游设计作业类型的分类分析，继而到设计原理、基础技术、专项技术以及远见讲坛的一一推进，确立了远见旅游设计的技术体系。加上"观念相投"的同道中人的一起努力，今日中国"旅游设计"的声音已不孤单。

第四节　旅游设计的职业特点

旅游设计的职业特点可以概括为"亲近人性、对话山河、呼吸文化"。

人是生活的主体，而旅游是人们离家之外工作之余的生活方式，所以，旅游设计就必须要围绕生活来展开，遵循以人为本的原则进行设计。这里所指的"亲近人性"就是要满足人性的需求，比如，猎奇心理、攀比心理、享受心理、心灵关怀等的各种人性最根本的需求。这样，人们才能在"第二版"生活——旅游中感觉到幸福，得到满足。

"山河"是对地球表面的代称。人类在有限的时空和生命之中所拥有的东西是有限的。在社会分工越来越细的今天，人们越需要交换物权来获得想得到的东西，而物权的暂时改变导致行为半径的扩展，使人们的生活半径延伸到山川河流、森林峡谷等一切地球表面。只有了解自然、亲近自然和与自然"对话"，才能与大自然相通，才能在大自然的可承受范围内设计出满足人性的旅游产品。

文化是一个非常广泛的概念，不少哲学家、社会学家、人类学家、历史学家和语言学家一直在努力，试图从各自学科的角度来界定文化的概念。然而，迄今为止仍没有获得一个公认的、令人满意的定义。我们这里所谈的文化是指一个国家或民族的历史、地理、风土人情、传统习俗、生活方式、文学艺术、行为规范、思维方式、价值观念等各类语义、物质上的存在。

旅游以文化为魂，旅游设计过程就是理解文化、吸收文化，传承文化、扩散文化，把文化转变成可读、可消费的产品形式的过程。做旅游设计的时候需要考虑的设计符号、设计意向、空间语言其实都是"呼吸文化"的一种形式、一个代表。

旅游设计师要懂得和知道通过什么样的途径可以做到"亲近人性、对话山河、呼吸文化"。只有牢牢把握这十二字精华，才可以把旅游设计做得更好、更人性、更加贴近和保护自然。

附：远见机构之《旅游设计师的评级标准》

未来旅游业的规划设计行业将进入一个重新洗牌的时代，旅游产业的战略地位更加显著，旅游设计的要求也更多、更高、更宽，中国旅游业将以从未有过的速度更快地发展。鉴于此，远见旅研秉承"远见卓识、责任良知"的企业精神，以促进行业发展为己任，率先试定旅游设计行业从业人员定级标准。本标准适用于企事业单位、旅游设计公司、大专院校等各种从事旅游设计行业的人员。

根据标准将旅游设计师按技能水平分为：助理设计师、设计师、高级设计师、设计总监、设计大师五个等级。

1. 助理设计师：

能够运用基本技能协助完成旅游规划设计项目的基础工作。

① 大学本科及以上文凭或经本职业初级培训达规定学时数，并取得毕（结）业证书；

② 在本职业连续工作1年以上；

③ 参与旅游规划设计项目实践3个以上。

2. 设计师：

能够熟练运用旅游设计技能并独立完成旅游设计行业的常规工作。

① 取得助理设计师资格证书后，连续从事本职业工作 3 年以上；

② 参与各类旅游设计项目 10 个以上，其中协助主持旅游设计项目 3 个以上；

③ 得到一位高级设计师的半年以上指导、认可以及保荐。

3. 高级设计师：

能够熟练运用旅游设计技能完成较为复杂的工作，包括完成部分非常规性的工作；能够独立处理工作中出现的问题，指导和培训初级、中级设计人员。

① 取得设计师职业资格证书后，连续从事本职业工作 3 年以上；

② 主持各类旅游设计项目 10 个以上，其中包括重大旅游规划设计 3 个以上成功案例（或作品）；

③ 设计作品得到至少一份委托方给予的"满意"及"非常满意"之评价。

4. 设计总监：

能够独立处理和解决各类旅游景区出现的技术难题，指导和培训初、中、高级人员，并具有较强技术管理能力。设计总监强调技能的全面能力和技术作业的管理能力。

① 取得本行业高级设计师职业资格后，连续从事旅游设计 3 年以上；

② 主管五大类旅游设计各五个以上，个人指导的优秀作品（甲方认可、社会认可）10 个以上案例；

③ 任职前通过专门的资格考试。

5. 设计大师：

在旅游设计行业内具有很强的影响力，拥有创新性并得以推广应用的理论。

① 得到同行的高度认可，在业界具有很强影响力；

② 在旅游设计行业大会上，得到到会设计总监半数以上得票；

③ 设计大师称号为荣誉称号，每三年增选一次。

第五节 旅游设计的行业使命

服装业离不开服装设计，旅游业离不开旅游设计，离开旅游设计的中国旅游业必然会沦陷到原料经济和制造经济的尴尬中去。如今，中国旅游规划行业已具有一定的规模，而"旅游设计"的实实在在还需执着开拓，并渐为大家所了解，被市场所认同。

任何产业的前端都离不开设计，当一个产业发展成熟的时候，会分化出3%～5%的人员专门从事产品研发和技术革新。就效益而言，一个产业是微笑曲线的两头，一头是研发与设计，另一头是营销服务，中间的下凹部分是制造。

"中国制造"曾让我们引以为傲，而现在却成了来料加工、无创新、无设计的代名词。想要改变这一现状就需我们国人努力实现从"中国制造"走向"中国创造"，而从"中国制造"向"中国创造"转变的最重要支撑就是中国设计。企业要想成为自主创新的主体，就必须拥有富有创造力的产品，产品创新很大程度上取决于设计所带来的创新。

相比其他领域设计业的发展，中国旅游设计还非常年轻，更多的中国旅游规划企业目前还没有意识到旅游设计的重要性。许多时候，中国旅游规划企业热衷于战略、定位、想象，而不愿意扎实地做技术耕耘。但"存在决定意识"，需求已在呼唤，价值已在召唤，旅游设计行业将随着市场发展而不断发展壮大。中国需要怎样的旅游设计？是要体现中国文化的博大精深还是含蓄典雅？无论如何，中国旅游设计一定是要融入中国人的审美观、中国人的精神的设计，并要在世界旅游之林独树一帜。

已经具备规模产业力量的中国旅游企业，急需旅游设计这个"催化剂"来提升自己的创新能力，提升自己产品的核心竞争力。好的设计将会使得旅游产品更容易让客户理解和使用，能够为游客带来更大的体验感受，并将给企业带来更大的利润。当今世界，企业只有生产那些既能满足人们物质文化需求，又能满足人们精神文化需求的产品，才会有市场，才会收获经济效益。企业设计的产品越有独特的文化韵味和高新技术，就越具有交流性和国际性，从而其价值就越高。

作为中国最早引入"旅游设计"概念的企业，早在 10 多年前，就先后有了一大批专门从事设计工作的人才聚集到远见旅游设计的平台上来。国内许多同行企业虽处于旅游设计的初级阶段，但如今也已行动起来，兢兢业业地向旅游设计的成长深化阶段努力迈进。我国虽然和世界旅游设计行业的差距很大，但相信追赶速度可以像当今经济增长速度一样，日新月异。

我们期待中国的旅游设计业尽快担负起"中国旅游业的设计师"的历史责任！

第三章　旅游设计的原理

第一节　设计之源

当人们谈论规划和设计的时候，往往运用城市建设系统的话语体系，并被这个话语体系给格式化了，所以人们早期形成的观念就是先有"规划"后有"设计"，其实这不是必然的。很多的时候往往是先有设计后有规划，规划之后再做设计，设计之后再做规划，会构成一个设计—规划—设计—规划的循环。在自然界中，大自然是被设计的，规划是在设计之后来安排设计的实现的。

一、自然的设计

设计是把一种计划、规划、设想通过视觉的形式传达出来的活动过程。从图 3 – 1 中可看到斑马的身上的纹路、松果的宝塔，就像是被人工设计过一样。在哲学观中有个观点是："自然是被设计的。"这和达尔文的进化论不同，意即自然界的一些事物是预先被设计好的，其后期的逐步发展是"被设计"的。

图3-1　斑马和松果

　　自然是启发设计师灵感的最好教材。野外、空间的直觉和感觉，就会让人们明白大自然就是一本书，这本书可以直接帮助人们来进行设计原理的思考。理解自然的设计是理解设计家族和旅游设计的一个基点。

　　图3-2是福建漳州火山岛的柱状节理，它反映的就是大自然自身的设计。随意想一下，彩虹、溶洞、花卉等景观现象，都可以让人们感觉到自然是启发设计灵感的最好课堂，是秩序与变化、形状与结构、颜色质感和图案的最好教材。

图3-2　柱状节理

自然之中走来了"真"与"美"的概念，大自然是真实存在，所以是"真"；而"美"则是人们对其抽象判断后，心理感受的名词归纳。设计的主要观念就是"再现"，再现的前提就是要有真与美在脑海中的储存。设计师的特权是可以将头脑里面的憧憬设计成为形象，进一步说，设计师是可以把脑海中的"真与美"再现在世人面前。

设计的本质特征是科学和艺术的相融合、相统一。艺术是感悟的，而科学是理性的，所以设计是跨领域的思维方式，任何专业对设计而言都是有意义的。这种思维方式，提供了一种思维的路径、技巧和办法，作为设计者自身不应被一个名衔"一种专业"而限定了自己的视野和思维。

我们说建筑就是凝固的音乐，是美术，这就是很多建筑设计师又成为平面设计师、美术家、艺术家的原因。如达·芬奇最初曾短暂学习过雕塑，但他主要是作为一名天才的画家为人们所了解，其实他是人类历史上绝无仅有的全才，既是艺术家又是科学家和工程师。他创作了直升机、潜水艇的制造方案，最后这些方案都被后人证实是有科学依据的。这也在旁证设计是一种跨学科的思维方式。

为了让自然恢复其应有的地位，文化必须让位。工业化导致了人类和自然的疏远，随着外部物质环境发生变化，人们的思想、思维也会同样发生变化。人们不再依赖直觉和感觉，而是偏爱理性和可证实的信息，在这种状况下，人们在自然的设计之中就无法获取灵感了。现如今，有的设计依靠的是加工过的知识，是飘浮着的、不鲜活的，所以人们需要努力消解这种异化，尊重自然的设计，提倡生态环保的设计。设计者们要通过大自然来看待设计、理解设计，这样才能把握住自然和文化之间的平衡，回归到文化只是自然界的一个现象，人只是自然界的一个成员的正确概念。

二、设计家族

图 3-3 列举了当今设计家族的成员。

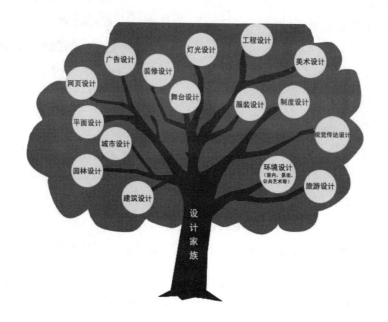

图 3-3　设计家族

　　现实是整体性的。了解其背景环境就能了解主题，往往主题和背景的认知是联系到一起的，所以了解设计家族就便于对旅游设计的原理进行透视。

　　1. 建筑设计

　　建筑分为构筑物和建筑物。构筑物指的是建成后不供人们居住和工作使用的建筑，比如烟囱、水坝、河堤等；建筑物是指的供人居住、学习、工作、生产、经营、娱乐、储藏物品以及进行其他社会活动的工程建筑。建筑有四个基本要求：功能实用、结构安全、成本经济、形象美观；其内容包括建筑设计、结构设计、设备设计。谈论到建筑，就须提及建筑物的虚空间、实空间和灰空间的问题。建筑物和建筑物之间的空间叫作虚空间，建筑物所框定的空间是实空间，在建筑物之外又不属于虚空间的空间就是灰空间，是一个过渡的空间。

　　图 3-4 显示的建筑物是孙中山纪念馆，是 20 世纪初典型的岭南民居。从图上可以看到贝壳装饰的矮墙，这很好地反映了孙中山先生小时候的乡村生活要素。白色有荧光感的贝壳配上旁边的灰色布景和院落里面的两三层小楼，给人一种舒服、安宁的感觉。

图 3-4　孙中山纪念馆

2. 园林设计

园林设计是指在一定的地段范围内，利用并改造天然山水或者人为开辟山水地貌，结合植物配置和建筑布置等一系列的专业规划。

园林设计的基本要素是地形、水体、植物、建筑。地形和植物对园林专业人士来说是最重要的专业内容。园林设计和景观设计有所不同，景观设计涉及环境艺术，所以景观设计这门学科不仅仅包含有植被景观还有建筑景观和艺术景观。

3. 城市规划设计

城市规划设计就是研究和计划城市发展的性质，人口的规模和用地的要求，拟定各类建筑的规模、标准和用地要求，制定城市各组成部分的用地规划和布局，以及城市的形态和风貌等。

4. 产品设计

产品设计是对产品的造型、结构和功能等方面进行综合性的设计，以便生产制造出符合人们需要的、实用性强的、经济美观的产品。产品设计的基本要素是产品的功能和造型（对旅游设计而言整个大空间的造型）以及物质技术条件（用什么材料和技术）。产品设计分为三种类型：方式设计、概念设计、改良设计。方式设计就是能够改变人们生活方式的设计，如设计自行车就改变了人们的出行方式，由走路变成了可以用轮子帮助我们移动；概念设计就是突破原有的概念的设计，如汽车行业所宣传的可下水、可折叠的概念车；改良设计就如汽车的升级换代，在原有车型的基础上添加了某些功能。

三、设计的哲学观

（一）现象学和整体论

现象学是西方哲学的一个流派，其观念的一个特点就在于批判太科学和过度理性。人们一直认为艺术是主观和本能的，而科学是逻辑和理性的。现象学支持主观和本能，从而为艺术和科学的统一提供了可能性。我们努力学习的科学，其实只能解释1%的世界，还有99%的自然界要用科学之外的观点、思想来解释。如果忽视了面对大世界的直觉，人们就会因依赖有限的知识而越来越愚昧无知。而愚昧无知的来源是由于科学排他性指导了人们的思想、观念，使得人们一直打压自己的直觉和感觉而忘记了向自然学习，并试图用1%来解释99%。

每个事物都是环境的一部分，是轮廓和背景的总和，环境变化了事物也会变化，人们对事物的感知就会随着发生改变。任何事物都要放在它的背景里去做评论，任何事物都只能拿出个"轮廓"来讨论。背景和场合变化了，人们对事物的认识就会改变。所以说，主体和客体是无法分离的，主观和客观是无法分离的。

（二）设计就是以吸引和隐藏为目的的再现

图3-5描绘的是东北雪地里的狼，可以看出狼在这种空间里面是很难被发现的，其身形已经和背景融为一体了。所以，在旅游设计的时候，需要思考的是哪些要素该突出，哪些要素该隐藏起来。

每个地方，都有每个地方的地方精神。如何用设计来突出和展现一个地方的精神？这个问题不只需要简单的视觉表达，还需要透过图像的设计上升到精神的层面，透过视觉、观察上升到感觉的层面。使"吸引"成为"吸引"，使"多余"成为"隐藏"。

图 3 – 5　雪地狼

（三）设计是艺术和技术的联姻

设计是技术和艺术的联姻，艺术会影响设计的风格，而技术会包含在里面变成其物质技术条件。有学者划分了六种对立的艺术风格：主观表现与客观再现；阴柔优美与阳刚崇高；含蓄朦胧与明了晓畅；舒展沉静与奔放流动；简约自然与繁荣创意；规范谨严与自由疏放。

第二节　旅游系统的优化

旅游系统是指由于旅游现象所引发的相互作用互相依赖的若干组成部分结合成的具有旅游功能的有机整体。若从供求角度来看，旅游系统包括供给系统和需求系统两个系统；若从空间联系的角度来看，旅游系统包括客源地系统、目的地系统和旅游通道三个系统；若从子要素的互相关系来看，旅游系统包括主体系统、客体系统和媒介系统。

旅游系统的结构是指旅游系统各要素搭配、排列和组合的关系。旅游系统的结构优化就是在一定条件下认真分析和构筑系统的要素组成，使系统具有最佳功能的结构组合。旅游系统的结构及其优化可分为五个方面：旅游产业部门的结构及其优化、旅游系统的空间结构及其优化、旅游系统的时间结构及其优化、旅游系统市场机构及其优化以及旅游系统产品结构及其优化。

一、旅游产业部门的结构及其优化

旅游产业部门门类众多，如交通、住宿、餐饮、娱乐、商品销售、邮电通信、信息服务和导游服务等都是对旅游业的发展影响较大的部门。旅游产业部门结构就是指以上所提到的部门在旅游产业中所处的地位、所占的比重以及它们之间的互相关系。想要衡量一个地区的旅游产业部门结构是否合理，就要看它是否能适合和促进地区旅游业的发展。

旅游产业部门的结构优化就是要实现旅游业与其相关产业的合理配置以及旅游业内部各部门之间的协调一致。我国由于历史和体制上的问题，旅游产业部门分割十分严重，各子系统之间联系存在人为的障碍，使得旅游业难以实现一体化经营和管理。因此，旅游产业结构的调整和优化首先要优化经营管理体制，撤除人为障碍。

二、旅游系统的空间结构及其优化

旅游系统的空间结构也称旅游系统地域结构，是指旅游系统内部各要素的空间存在形式及其组合关系。旅游系统空间结构的优化主要体现在旅游地域的完整性、旅游资源配置的合理性和各功能区的协调统一性。

旅游地域的完整性主要强调三个方面：一是旅游中心的重要性；二是地域系统层次结构的完整性；三是同一区域的地域相连性。旅游中心是旅游区的核心，是旅游活动管理与经营的基地，如果缺少旅游中心，旅游区的内部与旅游有关的活动很多就会变得无法展开，便也不能称之为"旅游区"。旅游系统具有完整的地域层次结构。一个旅游区往往由多个子项目构成，旅游项目从而形成一个完整的旅游地域空间结构。此外，对某一旅游区来说，其地域的相连性是非常重要的。因为只有使属于同一旅游区的地域保持完整、成片或成线，才能更好地布局旅游设施，组织旅游活动，安排旅游线路。

旅游资源配置的合理性主要体现在以下几个方面：一是景区景点的主题景观与非主题景观的协调，景观与设施的协调，人文景观与自然景观的协调；二是旅游区内的景区、景点的分布是否有利于建成一个统一的、迅捷的风景区和旅游区；三是旅游资源配置的特色要突出。

各功能区协调统一是指在旅游景区景点的开发设计中要注意空间结构和功能的有机统一，也就是说在开发旅游的规划区域中，要贯彻综合协调，方便管理并能充分满足人们需要的原则，使得旅游地域内的特色游览区、娱乐活动区、生活服务区、商业购物区和旅游管理区等各个功能区块在地域上形成有机结合。

三、旅游系统的时间结构及其优化

旅游系统在其发展演化的过程中，其系统状态和特征会表现出时间顺序的关系叫作旅游系统的时间结构。加拿大地理学家巴特勒认为旅游地具有长度不等的生命周期，旅游地的发展阶段可以分为导入期、探索期、发展期、稳定期、滞长期和衰弱期6个不同的阶段。这一理论充分揭示了旅游系统是存在时间结构现象的。由于旅游系统存在着生命周期这样的时序变化，这就要求我们在对目标地块的规划设计过程中要想尽一切办法保持旅游区吸引力，尽可能延长发展期和稳定期，防止衰弱期的提前来到，或者是在衰弱期来到之前，就已经着手开展进行旅游产品的再开发，使其进入一个新的发展阶段，步入良性循环之中。

四、旅游系统市场结构及其优化

同一般商品市场相似，旅游市场是社会经济发展到一定程度，旅游活动商品化、社会化的产物。从旅游市场营销的角度来看，旅游市场是指在一定时间、地点和条件下，具有旅游购买力和旅游动机的群体。旅游市场结构是指旅游市场的构成及其不同的旅游市场共同形成的整体市场关系。

研究旅游市场结构的作用可以概括为以下几个方面：一是可以了解旅游市场的位置、倾向、目标和能力，可以简化市场调查，把握市场的动向从而做好适时的调整；二是可以重新认识自身的资源潜力与制约因素，发现新的市场机会；三是有助于市场的客观定位和产品组合的调整，由此来满足市场的要求；四是有利于旅游地的经济效益和社会效益的整体提高。

旅游市场结构的优化主要是根据旅游市场的发展变化。适时调整旅游市场的结构，尽可能形成旅游市场的多元化，从而改变旅游市场的单一、风险大等不良局面。

五、旅游系统产品结构及其优化

旅游是个复合型产品，它在理论上是指旅游者出游一次所获得的整个经历。而在经济学的角度上来看，旅游产品是指旅游经营者凭借旅游吸引物、交通和旅游设施，为潜在游客提供的可以满足其旅游活动需求的全部服务，是一个广义的旅游产品的概念。

旅游产品是一个内容繁多、层次复杂的系统。按时间先后顺序划分旅游产品可以分为传统旅游产品和新兴旅游产品两个系统。传统的旅游产品包括观光旅游产品、文化旅游产品、度假旅游产品等；新兴的旅游产品包括保健、会展、工业、体育、海洋、科考、生态、极限等。旅游产品虽然种类很多，但对于某一地区而言，运用当地所有的旅游资源去开发众多种类的旅游产品是不合适的，而是需要找出最适合本地发展的若干优势产业，构成旅游产品组合。旅游产品组合可以使旅游区形成一个整体的产品概念，有利于旅游营销和旅游市场的开发管理。

旅游产品的优化组合其目的有两个方面，一是品种和数量的多样化，这样才能迎合不同类型游客的需求；二是产品质量的差别化。产品质量一般可以分为四类：普品、精品、特品和绝品，特品和绝品代表了一个地区的旅游发展特色，可作为某一地域内旅游产品形象标志。

第三节　旅游的业态创新

业态的概念来源于流通业，萧桂森给业态下的定义是：针对特定消费者的特定需求，按照一定的战略目标，有选择地运用商品经营结构、店铺位置、店铺规模、店铺形态、价格政策、销售方式、销售服务等经营手段，提供销售和服务的类型化服务形态。从定义上可以看出，业态是一种营业形态，对象是特定消费者。

旅游业的业态是指从事旅游行业的各组织、机构为适应市场需求变化进行要素组合而形成的经营形式。它有广义和狭义之分，狭义的旅游业态专指旅游企业或企业集团的经营形态，它与企业的商业模式有密切关系，如旅游专卖店、旅游超市以及旅行社＋航空、旅游＋房地产等众多商业模式，这是一般意义上的业态概念；广义的旅游业态除此之外，还包括旅游业的结构类型和组织形态，在产业层面上表现为众多业种和诸多业状。如旅游业包括酒店宾馆业、交通客运业、游览观光业、旅行社行业等各个不同的业种，而酒店宾馆业作为其中的一个业种，又包含招待所、商务型酒店、会议酒店、精品度假酒店、经济型连锁酒店等不同的业状。

传统的旅游业态包括六大内容：食、住、行、游、购、娱，远见在这六大内容的基础上又补充了四大旅游业态，分别是旅游装备制造业、旅游网络业、旅游教育业和旅游设计业。即旅游业态包括"食、住、行、游、购、娱、制、网、教、设"，而且这些业态还可以细分为更多的业态。

一、商业模式

商业模式简而言之就是目标项目通过一种或几种途径、方式进行营利活动。泰莫斯定义商业模式是指一个完整的产品、服务和信息流体系，包括一个参与者和在其中起到的作用，以及每一个参与者的潜在利益和相应的收益来源和方式。

商业模式的概念模型，有学者提出为九个要素：

1. 价值主张：公司通过产品和服务所能向消费者提供的价值。价值主张确认了公司对消费者的实用意义。

2. 消费者目标群体：这些群体具有某些共性，从而使公司能够针对这些共性创造价值。定义消费者群体的过程也称为市场划分。

3. 分销渠道：公司用来接触消费者的各种途径。

4. 客户关系：公司同其消费者群体之间所建立的联系。

5. 价值配置：资源与活动的配置。

6. 核心能力：公司执行其商业模式所需的能力和资格。

7. 价值链：为向客户提供产品和服务价值，公司和客户之间进行的支持性活动。

8. 成本结构：所用的工具和方法的货币描述。

9. 收入模型：公司可通过收入流来创造财富的途径。

任何一个成功的商业模式都是一个由客户价值、企业资源和能力、盈利方式构成的三维立体模式。

思路决定出路，布局决定格局，商业模式决定企业成败。商业模式的本质是关于企业做什么、怎么做、怎么赢利的问题，实质是商业规律在经营中的具体应用。例如，迪士尼的商业模式：利用卡通形象的品牌力量，整合影视、图书、玩具、礼品、服装、商业地产等元素，包括迪士尼公司在内的多种特色产品，通过品牌形象的多层次深入开发和利用，良性发展，持续赢利。

二、旅游业态创新模式

旅游业态虽然是旅游产业的表现形式，反映在旅游业各个层面，但从微观层面来说，旅游企业才是业态创新的真正主体，所以应从旅游企业本身来研究业态创新问题。旅游业态创新的基本模式包括资源整合式、专业分化式、组织创新式、服务外包式、技术推动式、区域集中式、业务融合式以及俱乐部式八种模式（见表 3 - 1）。

表 3 - 1　业态创新基本模式

业态创新模式	基本含义	举例	出发点和侧重点	适应对象
资源整合式	此种模式是通过建立特定的组织把同种类型旅游资源加以分类整合，成立一种类似于旅游超市和专卖店的形态，以利于集中推广	旅游集散中心、工业旅游促进中心、农业旅游促进中心、水上旅游促进中心等	资源共享营销推广	政府和行业协会

续表

业态创新模式	基本含义	举例	出发点和侧重点	适应对象
专业分化式	此种模式是随着市场的不断扩大和分工专业化的加深，在原有比较成熟的旅游企业内部的某些部门功能强化后独立出来所形成	导游服务公司、租车服务公司、专业会议组织公司（PCO）、目的地管理公司（DMC）、旅游管理公司（TMC）、旅游专业服务公司	市场细分专业提升	中小型企业
组织创新式	此种模式是大型旅游企业集团为占领市场和扩大规模，在经营和管理上的组织表现形式	经济型酒店、连锁酒店、连锁旅行社、景区联盟、饭店联盟	市场份额规模经济	企业集团
服务外包式	此种模式是企业集团或政府部门为节约成本、减少开支和便于管理，把内部某些业务和事物外包出去以提高核心竞争力的行为	旅游呼叫中心运营商、差旅管理公司、会奖旅游服务公司	成本节约优化管理	大型企业
技术推动式	此种模式是在电子信息和网络技术高度发达的基础上直接催生的新型业态	以"携程""艺龙""芒果网"代表的第三方中介、以"去哪儿"为代表的垂直搜索引擎、移动通信信息提供商、数字旅游服务商等	资本技术网络经济	IT企业、信息部门、高科技产业
区域集中式	此种模式是企业为获取集聚优势在某一特定区域功能上的联合	品牌购物shopping mall、精品综合度假mall、旅游总部经济集聚区（项目集聚与推广中心）、旅游综合体	综合效益集聚经济	开发区、商务区、现代服务集聚区

续表

业态创新模式	基本含义	举例	出发点和侧重点	适应对象
业务融合式	此种模式是企业为获取规模经济和范围经济在某一产业范围内业务上的联合	旅行社＋航空（旅游航运公司）、会展＋酒店（会议型酒店）、演艺＋主题景区（旅游演艺社）、旅游＋地产（旅游房地产公司）	化解风险范围经济	归属第三产业的大型企业或综合型企业集团
俱乐部式	此种模式是为吸引特定的人群而成立并为其服务的具有一定内部开放性的组织	"汽车营地"服务商自驾车俱乐部、"俱乐部式"餐饮/酒店、老人俱乐部式公寓、换房旅游俱乐部、海上游艇俱乐部	特定团体群体价值	行业协会、自发性组织

在现实中这些基本模式并非是单一和孤立发生作用的，新业态的出现往往是多种因素共同作用的结果。

三、旅游业新业态

根据对旅游业态进行的研究，旅游业新业态主要可以分为三类：一为市场型的新业态；二为产业型的新业态；三为经营型的新业态。

首先，市场型的新业态是指随着社会的进步，市场的发展，新的市场需求和市场竞争的出现，从而引发新的业态的构成，例如，医疗旅游、高科技防衰老美容、旅行社设置的个性化服务、印象系列、模拟旅游、移动别墅等。其次，产业型新业态是由产业经营方式的不同形成的新业态。这一新业态在商业设计之中出现的相对较多，例如，机器人的餐饮服务、歌舞宴会等，都是产业型新业态。最后，经营型的新业态，是从产业的融合角度来讲的。把旅游业与第一产业结合，与第二产业联合，与第三产业整合，就可以构成新型的旅游业态，例如，农业旅游、乡村旅游、工业旅游、商务旅游、影视旅游等。

第四节　旅游设计的核心理念

旅游开发的本质是打造吸引力、经营吸引力，旅游设计必须为旅游业发展中的开发决策、开发进程和开发管理服务。

（一）三维规划理论

旅游开发就目的地层面而言，核心必备工作有三个组分。其一是产品策划，由之解决"功能价值"定位；其二是景观规划，由之解决"环境场所"定型；其三是项目企划，由之解决"投资经营"定模，唯有此综合施为，方可解决规划设计方案的实用性。

（二）三轮驱动理论

三轮驱动理论是把需求、供给和工艺经营作为驱动旅游开发的三个车轮进行系统分析。优良的规划设计方案应达到这三个轮子间的互相耦合、同轴滚进，同时这三个轮子随时间的变化而变动，因此要改革传统的静态规划为动态设计。

这个系统永远存在着从平衡到不平衡、再到平衡的一个循环往复过程，那么我们作为设计者、开发者就是把这个不平衡的过程和代价缩减到最小，使资源的利用更加合理。

（三）三层解构理论

强调在进行理论开发时要从文化结构、地域结构、社区结构三个层面上进行层次分析和聚类分析，解剖文化和构造文化、解剖地域和构造地域、解剖社区和构造社区，依次先文化、再场所、最后生活，这样方可重新整合资源、构造旅游吸引物。

（四）旅游设计的工作核心

总结众多旅游设计的案例后，得出最根本的结论是以下十二字相加模式：行为心理 ＋ 空间载体 ＋ 商业形态。

随着社会的发展，人们的生活水平越来越高，在追求物质享受的同时，也更加注重精神、心理方面的感受与体悟。从根本上讲，旅游是人们为了享受生活，放松身心而进行的一种活动，这种活动是以获得心理的满足为最终目的。所以，作为旅游发展的引擎，旅游设计只有把握住人们的行为心理，才能为旅游业的发展提供更强大的动力。

旅游满足人们的心理需求还要依托一定的空间载体，这个空间载体包括空间环境、物质对象、文化条件、服务设施等。通过合理配置空间载体，最大化地激发人们的心理向往，实现功能价值。

一个项目的经营如企业，一个也罢多个也罢，都要作为一个投入产出的单元来进行经营设计，它要有本身的商业模式。没有商业形态、商业模式的前置性设计项目就会变得要么因为经济上不可行而建成后劳民伤财、迅速败落，要么运营中先天性的商业缺陷多多，限制了效益、效率的发挥。没有商业的成功，就没有一个旅游产品的持久的生机、生命。

第五节　旅游设计的技术路线

总体而言，旅游设计的技术路线为：消费模式→产品研发→ 规划设计→应用维护。以下以最为典型的中尺度旅游目的地设计为例阐述流程的核心内容。

一、消费模式的研判

旅游是一种生活方式，当今社会的生活方式的获得是通过消费、支付而"拥有"，所以消费必然要基于消费模式。目前，一些项目的市场分析变成了八股文的数据，就是去年游客量是多少、人均消费是多少等，这样下去就没有了消费模式的概念。虽然消费模式在不断的变化，但社会惯性明显，人们的消费模式在一年之内也只能变化一到三成。所以，我们对消费模式是可以做延长分析的。举个消费模式的例子，以山西的晋商文化创意产业园为例：这个园区计划占地 1000 多亩，首先，要考虑的是这个园区必须满足太原人消费的需求，如果满足不了，这个园区一定是不成功的。经调查了解后发现太原缺少对 5～15

岁的小孩子有持续的吸引力的游乐园。其次，太原市缺乏精神信仰的时代支撑，煤商发展起来了，但是他们富有并不富贵，而昔日的晋商是很有文化根性的一个群体。如果在文化方面要确立标杆和榜样，就应该把昔日的晋商榜样拿出来，为晋商树碑立传，这就是一种精神消费。最后，太原缺少像大院一样聚落成村的办公空间。建小四合院的别墅，里面可以供一家或多家公司办公，地价不贵造价也不高，这样上有天下有地的办公场所也是文创产业的孵化平台。这种租卖办公用房产也是一种消费模式。

消费模式市调后接着要进行消费模式的市调举证，也就是要认真研究其他同类项目是怎样设计、运营的。同类项是最有说服力的参照系数，也是我们的经验坐标。举证的时候要研究同类项目近五年的运营状况，如哪些方面成功了，哪些方面失败了等。经过举证之后就多些依据和参考，便于了解新项目的消费模式。

当前，旅游设计的重点一是旅游目的地的设计，二是出游订制设计。旅游目的地设计就是要设计一个概念、场所、产品、吸引、服务，让期待之中的人群去消费；出游订制设计是根据一个出游消费群体的圈子，设计他们该去哪里玩，该去接受什么样的产品、消费和服务。两个问题是手心手背的问题，基于的原理是一样的，都是消费模式。

消费模式的分析是技术路线的开始，是基础。

二、场地解读的空间形态

旅游目的地设计是一定会限定具体规划区域的，有时候是山水相连的风景，有时候是古镇，有时候就是一块只有历史传说的空地。出游订制设计中旅游者要去的地方也是场地。分析场地的时候最重要的是读懂空间的尺度，因为300亩和3万亩的场地的规划设计方案是大有不同的。大学的田径操场的面积就是1公顷，长宽各100米，相乘就是1万平方米（1公顷等于15亩）。规划设计人员在尺度上要有心中有尺的感觉，首先是将抽象的数字具体化，有了这个具体化的感觉后，就可以区分对大空间和小空间进行规划设计的不同之处。

任何场地都可以分成多个片区，把空间分成三片、五片的过程就是在进行功能分区的过程，也就是把大概念的场地进行了分解分类。

场地解读之中要对场地的应用方向进行分析，常说的"宜建性"就是判断场地的哪些区域适宜进行筑建活动，哪些区域不适。宜建设的区域、区块相对建造成本较低；反之，不宜建设的区域、区块建造成本较高。宜建性的具体因素包括有地质状况、水文状况、坡度、拆迁成本等。"宜建"之外对"宜用"要进行另外的具体分析。攀岩需要宜攀的岩壁，滑翔需要高台和面向高台的上升气流，所以具体的宜用方向都要做具体的条件分析。

下面要解决入口、节点和轴线的问题。首先，任何一个空间都有其门户入口，大的区域会有很多的入口，比如，南、北、东、西门。主入口是旅游设计中人流量最大的地方，入口的安排也会影响地块空间的布局导向。轴线是连接节点（空间里面几个片区的交叉点和交会点）、入口和片区之间的一些流线。轴线又分为很多种类，有交通轴线、景观轴线、视觉轴线、文化轴线等。以晋商文化创意产业园为例，门在北面是为了靠太原市区，门在南面是为了连接绕城高速，之后要至少有一条线贯穿整个园区来把整个园区的功能都连通起来。

在空间区域内沿着轴线边上的地带就是带状区域。植被可以构成带状区域，建筑物可以构成带状区域，整个产业园外围的商铺，也可以构成带状区域。

三、项目的创作策划

山西名人中关公名望最高。关公代表着忠信节义，在东南亚受到了广泛的膜拜。在晋商文化创意产业园这 1000 亩地中，拿出 15 亩做个"武财神广场"（或称"关公广场"），广场中间矗立的关公像设计成能让人们从 120 度的宽广范围内都能看到关公的脸，并且考虑到雕像具有朝拜性质，其基部应营建基台，这样可以让人们 45 度仰视他。所以说，关公的高度是从视线分析得出来的。围绕着关公像修建的广场就是关公广场，广场的外围再引水开河，在河的外围场地建造具有山西大院样式的别墅。如果别墅的造价是 3000 元/平方米，开发商开出的卖价是 6000 元/平方米，毛利润就可以有谱，这也就是基于一种消费模式在往前推。其次，选一个合适的位置做一个以晋商为主题的大酒店，把晋商名人的画像、雕塑等与晋商有关联文化、事物都运用到饭店的大堂和房间的设计、装饰里面去。最后，设计一个具有吸引力的游乐园。至于关公广场、晋商酒店和游乐园这三个项目具体应该放到哪个区位，应占多大面积等问题都需由场地分析和尺度分析推算出来。

如果把第三步——项目的创作策划完成了，70%的项目框架就出来了。这即是基于消费模式的产品研发。产品研发实在是一个"凤凰涅槃"的过程，前期会有很多想法，但到了这一步，就需要做选择。而选择就意味着放弃，如果取舍不当，日后就要面对其带来的负面影响。

四、定位构思的各支撑构件

规划设计人员的专业性就在于有了想法之后会努力付诸实践，有了想法后会把自己的想法很专业地构架起来。对于消费模式调查、空间形态解读和项目的创作策划这三步委托方多少也会有自己的想法，但接下来，他们就更难确定怎么去做了。所以如下要考虑和解决的问题都是很专业的问题。

1. 服务设施

任何一个项目的支撑构建都要有入口服务的接待区，有入口就会有人流产生，有人流产生就需要有迎宾的服务设施。如根据人体的生理需要，乘车一段时间到达一个新环境，多数会需要去趟洗手间。所以在设计酒店的时候，酒店的大堂要设有足够的空间容量的洗手间供人们使用。大的景区也需要考虑这一需求，如一个景区的外广场要设有足够的厕位供游客使用。长时间的旅行会使人们弥散的需要变成一种集中化的需求。厕位不够就得排队。人们在一地停留两小时以上就会有对食物的需求和去洗手间的需要，这是行为必需。

容量是一个地方的线状容量、面状容量在周转率乘数下的一个总量。一些景区的入口在高峰时段是需要游客排队等候进入的，这往往是因为入口太窄、太少或检票的速度比较慢。有经验的设计师会从游客量的规模合理设计验票机的数量、景区门口的宽窄等问题。

2. 商业运行的支撑构件设计

如果是设计餐厅、饭庄、酒店等相关的餐饮行业，就要设计好运货通道、垃圾的通道、食品加工区域、补货的库存仓储空间等。

　　任何空间场所都存在着适宜开放的空间和不适宜开放的空间（俗称后台）之分，对于游客而言，他们使用的是开放的空间，但一个景区的构建还包含着办公区、辅助区、仓储区等后台空间。如果设计人员忘记了这一点，那么就会在之后的使用上造成很大的麻烦。

　　3. 水文整理

　　水陆面积的分配就是基于水文资料的整理。水文整理会形成一个空间的景观、视觉和小气候。水有时还会作为空间区隔的功能来运用。在以前的规划设计中，常常把流水管道化处理。近些年来对于水渠、河流的处理方法有所改变，通常是把溪水、河流等设计成为开放性的自然河段，设计成为一个生态景观。

　　对于降雨量变化比较大的区域，如何来处理水流的问题，就又遇到了径流的调整、调配、调节，有时要运用水库来处理水量不均匀的问题。

　　4. 植被

　　多数空间需要绿色植被的点缀，但绿色的植被和美丽的花草也会给设计师带来很多困扰，例如如何创造适宜植物的生养环境、如何减少植物带来的蚊虫等问题。如果设计者忽视这些问题，其设计愿望很可能会被蚊虫打败，使得当初的设想功亏一篑。夏天人们在西溪湿地不能惬意、长时间停留游玩的原因就是不想被蚊虫侵扰。

　　5. 道路系统

　　道路体系包括静态的道路和动态的交通两个方面。互不干扰且快捷方便的交通流线的设计学问多多，犹如血管对于躯体的重要性。路太多不仅造价升高而且占地大，少路或无路区的安排均颇费心思。

　　6. 旅游吸引物

　　能够构成视觉吸引、场所吸引、概念吸引和精神吸引的所有事物都会构成支撑的要件。旅游吸引物对一个"旅游产品"而言，它首先是一个整体，其次是有着重要性的主次和序位之别。

五、鸟瞰图

　　旅游是一种生活方式，我们看见的景区内的设施基本都是景区的"零件"，如饭店、广场、洗手间、大门等。设计师就是要把这些零件很专业地组装起来，在结构和尺度上给人一种明确的、一览无余的浓缩表达，这就是鸟瞰图。

前面提到的晋商文化创意产业园可以有两种设计方案。第一种方案是人们进去后首先看到的是游乐园的高、大、上器械，彰显刺激和活力，晚上还有LED的照耀和装扮，使得园区变得有富有生机和活力；第二种方案是人们进去后首先感觉特别庄重、特别富有文化气息。如果没有想象力，设计图是没有办法落地的，不同的设计师会根据不同的设想，对空间、场地和轴线做出全然不同的处理，从而鸟瞰图的内容会有很大的不同。事实上，项目设计走到鸟瞰图这一步的时候，设计草案已跃然纸上了。

六、技术经济数据

这个问题是要建立在前五步的基础上。一个项目的投资额多少、建筑面积的大小、建筑的占地大小等都是基于前面的鸟瞰图的联想，然后才能梳理这些构建的具体规格、数据。技术经济数据是从建筑学、城市规划学的角度对各项工程总量、用地面积、投资额度的一个总汇算。

七、外部形态、运营保障

外部形态是指装饰、装修和亮化，由之形成一个项目的包装风格。功能之外还有形式。运营保障指的是运营和管理的具体设想，包括要多少人员、多少岗位、技能要求，要怎样的外部配套、物料能源供应等。

八、创作成果的评价

对于任何一个项目，设计组都会有多种方法。规划设计的方案是要在某种限制条件下来判断它的合理性，在没有限制条件的情况下，就不存在恰当合理的或者不恰当不合理的方案一说。1 亿元到 5 亿元的投资金额中的最佳方案，和 10 亿元到 20 亿元的投资金额中的最佳方案肯定是有区别的。审查规划设计方案的人首先要明白设定条件。许多设计都是鱼与熊掌不可兼得的，设计人员要对自己的几个方案进行性价比对、风险比对、近远比对，有比较才有鉴别，取舍理由由之昭然。

九、设计方案的应用指导和后续修订

这一点不算是一个"设计作业"的必备流程，但常是必然。方案的意图不可能不折不扣地贯彻到工程建设、运营管理中去，特别是伴随已知状态的增多，原来的设计一定有再优能优的地方。

第四章　旅游设计的服务分类及技术标准

第一节　旅游设计的服务分类

（一）缘起

旅游设计起步远晚于城市建设工程的规划设计，但在中尺度和小尺度的目的地的规划设计中必然又要运用到场地规划、工程设计的一些内容方法，所以，城建行业的话语体系便被引入、借入，这样就有了"总体规划"、"控制性详细规划"、"修建性详细规划"、"方案设计"、"扩初设计"、"施工图设计"等多类型的任务概念。

在旅游设计的行业服务中，除设计规划的空间尺度标的之外，还包含产品研发定位时的文化特征、概念设想、市场卖点等"软件"的设计、创作、统筹，因而实践中又出现有"总体策划"、"详细策划"、"执行方案"等类型的任务说法。存在就有合理性。

分类分层的目的是研究的方便、工作的规范。

（二）旅游设计服务分类菜单

依据多年的从业经验，按产品系统主要对象我们把旅游设计分为五大类别，即区域旅游产业发展规划设计（A类）、旅游目的地设计（B类）、出游订制设计（C类）、旅游辅助设计（D类）、旅游微设计（E类）。其中，旅游目的地设计按目的地范围又分为三大块：大尺度目的地规划设计、中尺度目的地规划设计、小尺度目的地规划设计；出游订制设计分为：固定对象订制设计、特定群体订制设计；旅游辅助设计主要包括：营销推广类、商务投资类、设备咨询类、其他。依据作业侧重、技术深度构成把五个大类再细分成66个小类，由之构成了远见旅研作业范围的五个大类、66个小类的旅游设计技术类型，其服务项目及技术说明详见表4-1。

（三）旅游设计服务分类说明

下表的纵列包括类别、类型、服务名录、技术说明、计价方式和代码6个内容。横行对66个小类的内容完整列出。

表4-1　旅游设计服务项目及技术说明

类别	类型	服务名录	技术说明	计价方式	代码
区域旅游产业发展规划 A 类	国家级	国家级旅游产业发展规划	国家统筹编制，地方配合协调，关乎整个国家旅游产业发展及前景规划	议价	A1
		跨省域旅游产业发展规划设计	跨越两个及两个以上省份的大尺度旅游产业规划	议价	A2
	省市级	流域、省级、大区旅游产业发展规划	主要针对中国34个省市区的旅游产业进行规划设计	议价	A3
		大市（地）区旅游产业发展规划设计	主要针对各个地级市以及市辖地区的旅游产业和旅游项目	议价	A4
	市县级	县（市）旅游产业发展规划设计	主要针对县域或者县级市域的旅游产业或旅游项目	议价	A5
	其他	……			A6
旅游目的地设计 B 类	大尺度目的地规划设计（100平方千米以上）	跨省域旅游目的地规划设计	跨越两个及两个以上省份的大尺度旅游目的地规划	按要求计费，例如丝绸之路、乌蒙山区规划设计	B1-1
		大市（地）区旅游目的地规划设计	主要针对各个地级市以及市辖地区的旅游目的地	按工作计费	B1-2
		县（市）旅游项目地规划设计	主要针对县域或者县级市域的旅游目的地	按工作要求计费	B1-3
		较大空间建设规划分片设计	主要针对面积在100公顷以上的大尺度景区	按规模计价，例如千岛湖景区规划设计	B1-4
		其他	……		B1-5

续表

类别	类型	服务名录	技术说明	计价方式	代码
旅游目的地设计　B类	中尺度目的地规划设计（1～100平方千米）	泛旅游类目的地开发概念性规划/概念性方案	针对各种旅游目的地提供客观的全局性的发展政策与设想	按面积计费	B2－1
		泛旅游类目的地开发总体规划、商业策划	针对各种旅游目的地远景发展做出轮廓性的规划安排并且对于旅游区近期的发展布局和主要建设项目也做出策划	按面积及规划策划深度计费	B2－2
		泛旅游类目的地开发控制性详细规划	以总体规划为依据，详细规定区内建设用地的各项控制指标和其他规划管理要求，为区内一切开发建设活动提供指导	按面积计费	B2－3
		泛旅游类目的地开发修建性详细规划	满足上一层次规划的要求，直接对建设项目做出具体的安排和规划设计，并为下一层次建筑、园林和市政工程设计提供依据	按面积或工程总额计费	B2－4
		旅游度假村项目设计	对度假村内满足客人休闲的需要的多项设施，如餐饮、住宿、体育活动、娱乐及购物等进行合理安排以及度假村内的各种景观进行规划设计	按面积及投资额度计费	B2－5
		各类旅游风景区开发建设方案设计	针对各类风景区的开发建设提出具体的设计方案，并给予相应的技术支持	按面积及工程量深度计费	B2－6
		其他	……		B2－7

续表

类别	类型	服务名录	技术说明	计价方式	代码
旅游目的地设计 B类	小尺度目的地方案设计（1平方千米以下）	旅游开发概念性规划/概念性方案	针对各种小尺度旅游目的地提供客观的全局性的发展政策与设想，使其成为纲领性、战略性的规划文件，指导和协调旅游区的发展与建设	按面积及投资额计费	B3－1
		旅游开发总体规划	针对各种小尺度旅游目的地远景发展做出轮廓性的规划安排并且对旅游区近期的发展布局和主要建设项目也做出近期规划	按面积及投资额计费	B3－2
		旅游开发控制性详细规划	针对各种小尺度旅游目的地，以总体规划为依据，详细规定区内建设用地的各项控制指标和其他规划管理要求，为区内一切开发建设活动提供指导	按面积计费	B3－3
		旅游开发修建性详细规划	针对小尺度旅游目的地，为了更好地满足上一层次规划的要求，直接对建设项目做出具体的安排和规划设计，并为下一层次建筑、园林和市政工程设计提供依据	按面积及工程量计费	B3－4
		项目建设扩初设计	扩初设计就是扩大性初步设计，主要是对项目初步设计进行细化，但设计深度还未达到施工图的要求	按工程量计费	B3－5
		建设方案施工设计	以建设方案为对象进行编制，用以指导其建设全过程各项施工活动的技术、经济、组织、协调和控制	按工作量计费，同时参考《工程设计收费标准2002》	B3－6

续表

类别	类型	服务名录	技术说明	计价方式	代码
旅游目的地设计 B类	小尺度目的地方案设计（1平方千米以下）	旅游景区硬件、软件提升规划设计	对景区硬件和软件进行评估，找出其存在的不足，在此基础上编制提升规划，提出景区硬、软件实力提升的具体方法	按面积及要求目标计费	B3－7
		地标性文化休闲公园规划设计	针对能代表一个地区文化特征的典型公园进行规划设计	按面积及投资额计费	B3－8
		旅游主题街区、历史街区的改造设计	针对具有一定主题的街区，或者具有历史文化资源的街区进行升级改造，提出改造方案	按面积及工程量计费	B3－9
		主题游乐园规划设计	针对游乐园主题的选择以及院内各类景观的规划	按造价3%累加	B3－10
		其他	……		B3－11
出游订制设计 C类	固定对象订制设计	5人内VIP客人出游订制设计	5人以内的出游订制旅游，根据旅游者的需求，以旅游者为主导进行旅游行动流程的设计。	佣金法（按总费用的10%提取佣金）	C1－1
		5～50人小型包价团队出游订制设计	5～50人的出游订制旅游，根据旅游者的需求，以旅游者为主导进行旅游行动流程的设计	佣金法（按总费用的10%提取佣金）	C1－2
		50人以上大型团队出游订制设计	50人以上的出游订制旅游，根据旅游者的需求，以旅游者为主导进行旅游行动流程的设计	佣金法（按总费用的10%提取佣金）	C1－3
		其他	……		C1－4

类别	类型	服务名录	技术说明	计价方式	代码
出游订制设计 C类	特定群体订制设计	残疾人出游订制设计	针对各类残疾人不同的特点设计不同的旅游方案，满足游客不同的需求	佣金法（按总费用的10%提取佣金）	C2-1
		健康老年人出游订制设计	针对健康老年人而设计的旅游方案，满足老年人不同的旅游需求	佣金法（按总费用的10%提取佣金）	C2-2
		疾病康复出游订制设计	针对各种病人而设计的旅游方案，通过旅游达到疾病康复的目的	佣金法（按总费用的10%提取佣金）	C2-3
		青少年出游订制设计	针对青少年而设计的旅游方案，满足青少年的旅游需求	佣金法（按总费用的10%提取佣金）	C2-4
		大学生出游订制设计	针对大学生而设计的旅游方案，满足大学生的旅游需求	佣金法（按总费用的10%提取佣金）	C2-5
		企业白、蓝领出游订制设计	针对各类企业的白、蓝领设计的特定的旅游方案，满足他们对旅游的不同需求	佣金法（按总费用的10%提取佣金）	C2-6
		企业领袖出游订制设计	针对各类企业领袖设计的特定旅游方案，满足他们对旅游的不同需求	佣金法（按总费用的10%提取佣金）	C2-7
		发烧友出游订制设计	针对各类发烧友提供不同的旅游方案，满足各类发烧友不同的需求	佣金法（按总费用的10%提取佣金）	C2-8
		其他	……		C2-9

续表

类别	类型	服务名录	技术说明	计价方式	代码
旅游辅助设计 D类	营销推广类	城市、区域形象品牌设计	根据城市、区域社会氛围、文化氛围角度，结合城市、区域的自然地理环境、城市布局、文化传统、地方特色等方面对城市的物质空间以及形成和运作的全方位的设计	议价	D1－1
		年度、季度旅游营销设计	根据企业的实际营销情况对企业的年度或季度营销计划做出设计		D1－2
		景区（点）市场营销设计	分析景区、景点的市场占有率、客源情况等，由此对营销计划做出设计		D1－3
		节庆会展方案设计	针对节庆、会展的具体特点，提出不同的设计方案	议价	D1－4
		其他	……		D1－5
	商务投资类	旅游项目招商策划	针对招商项目进行市场分析与定位、商业概念设计、设施管理前期介入等策划		D2－1
		旅游类项目建议书编制	根据当地经济的发展、国家和地方中长期规划、产业政策、生产力布局、国内外市场、所在地的内外部条件，提出具体项目的建议文件，对拟建项目提出框架性的总体设想	议价	D2－2

类别	类型	服务名录	技术说明	计价方式	代码
旅游辅助设计 D类	商务投资类	旅游类项目可行性研究报告	从经济、技术、生产、供销直到社会各种环境、法律等各种因素进行具体调查、研究、分析，确定有利和不利的因素、项目是否可行，估计成功率大小、经济效益和社会效果程度	按投资的百分比	D2－3
		项目招商推介会策划、承办	根据项目的具体要求设计招商推介会的活动地点、活动形式、参与人员、活动主题等	议价	D2－4
		其他	……		D2－5
	设备咨询类	旅游设备设施的研发顾问、外包代理	针对各种旅游设备设施的研发提供专家级建议，并且可以作为企业设施设备销售外包的代理	议价	D3－1
		游憩设施/设备/用品的采购咨询	根据企业的具体要求，提供各种游憩设施设备的市场情况	议价	D3－2
		其他	……		D3－3
	其他	景区数字化设计	根据景区的具体要求，把景区的各种信息进行数字化处理，达到景区的高科技与景观的高度结合	按景区面积及工作量计费	D4－1
		旅游纪念品、礼品、工艺品设计	根据景区内的纪念品、礼品以及工艺品的特点进行特色设计，增加游客的印象	议价	D4－2
		旅游演艺策划	根据旅游景区内的各种表演艺术活动的需求，提供策划方案	议价	D4－3

续表

类别	类型	服务名录	技术说明	计价方式	代码
旅游微设计　E类		游步道工程规划设计	针对景区内的各种步行道路及沿路景观进行规划设计	按造价3%累加	E1
		主题雕塑规划设计创作	雕塑主题的选择以及与主题相关的各类景观的设计	按工作量计价	E2
		景区迎宾大道、引景仪门、入口服务区综合设计	景区的主干道以及景区内外其他辅助设施的设计	按面积及设计深度计费	E3
		景区标识（路牌导游图门票等）系统设计	代表景区标识的选取与设计	按景区面积及设计个数计费	E4
		导游词设计	针对某个景区、景点的专题讲解词	议价	E5
		场馆布置、场景陈设策划设计	塑造出能鲜明、准确地表达或烘托主题思想和内容的艺术空间和环境空间的工作	议价	E6
		景观小品设计	景观小品一般指体形小、功能简单、造型别致，具有较强的装饰性，富有情趣的精美设施	议价	E7
		其他	……		E8
D类和E类合起来习惯称为"专项服务设计"					

旅游设计项目分类包括3个分类原则：

1. 旅游设计的"产品性质"为第一分类原则。旅游设计服务按产品性质分为：地型市场系统、人型市场系统、专向综合系统（介体市场系统）及其他。

2. 第二分类原则是指：旅游设计统一概念下的"规划、设计、策划、咨询、研究、顾问"6种服务形式。

3. 范围和深度带来的第三分类原则：空间范围包括大尺度、中尺度、小尺度；时间范围包括短期、中期、长期；深度可概括为规划、设计、方案、执行。

第二节　A类设计的技术标准

一、目前较多见的旅游发展规划

1. 跨省域、省域旅游发展规划（A2、A3）

为区域产业规划的高级层次。规划更加显著地具备产业规划和战略安排的特征。以目标区域的旅游业的现状、基础、机会和目标的宏观研究为依据，对实现目标所要改进和加强的各重要方面进行预景型、措施型的专门部署，并继之形成目标区域旅游业产业系统的系统化设计。

其核心内容的10个侧面和A4［地区（大市）旅游发展规划，见下］相近，规划成果的主体为规划文本，一般还随带有许多辅助性的分项成果（如规划简本、近期行动纲领、画册、风光视媒等）。

2. 地区（大市）旅游发展规划（A4）

属区域旅游发展规划的中间层次。主要任务是确定旅游业在地区行政范围中的地位和作用，发展的阶段和目标，以及达到目标所需要进行的要素结构的空间安排等。

其规划的主要内容为：

（1）全面分析规划区旅游业发展历史与现状、优势与制约因素，并做好与相关规划的衔接；

（2）分析规划区的客源市场需求总量、地域结构、消费结构及其他结构，预测规划期内客源市场需求总量、地域结构、消费结构及其他结构；

（3）提出规划区的旅游主题形象和发展战略；

（4）提出旅游业发展目标及其依据；

（5）明确旅游产品开发的方向、特色与主要内容；

（6）提出旅游发展重点项目，并对其空间及时序做出安排；

（7）提出要素结构、空间布局及供给要素的原则和方法；

（8）按照可持续发展原则，注重保护开发利用的关系，提出合理的措施；

（9）提出规划实施的保障措施；

（10）对规划实施的总体投资分析，主要包括旅游设施建设、配套基础设施建设、旅游市场开发、人力资源开发等方面的投入与产出的分析。

3. 县（市）域旅游发展规划（A5）

属区域旅游发展规划中的最低行政等级。主要任务是明确旅游业在县（市）域国民经济和社会发展中的地位和作用，提出旅游业发展目标，优化旅游业发展的要素结构与布局，安排旅游业发展优先项目。以上一地区级的旅游业发展规划作为依据，对下指导和控制县域内的各目的地的开发规划。

二、《旅游规划通则》中的相关内容

1. 旅游发展规划的定义

旅游发展规划是区域根据旅游业的历史、现状和市场要素的变化所制定的目标体系，以及为实现目标体系在特定的发展条件下对旅游发展的要素所做的安排。

2. 旅游发展规划的意义

旅游发展规划是关于旅游发展的纲领性规划，是对多种旅游要素建设时空组合的战略性部署。为区域旅游业的发展和各类旅游设施建设、旅游项目建设、旅游产品开发、区域营销等提供依据。

3. 旅游发展规划分类

（1）按规划的范围和政府管理层次分为：全国旅游业发展规划、区域旅游业发展规划、地方旅游业发展规划。其中，地方旅游业发展规划又可分为省级旅游业发展规划、地市级旅游业发展规划、县级旅游业发展规划等。

地方各级旅游业发展规划均依据上一级旅游业发展规划，并结合本地区的实际情况进行编制。

（2）按时间期限可分为：近期发展规划（3~5年）、中期发展规划（5~10年）和远期发展规划（10~25年）。

4. 旅游发展规划的主要任务

旅游发展规划的主要任务是明确旅游业在国民经济和社会发展中的地位与作用（把旅游业作为国民经济和社会发展的新亮点、重要产业、支柱产业、补充产业等）；提出旅游业发展目标（主要从经济目标、社会目标、文化目标、环境目标等方面予以阐述）；优化旅游业发展的要素结构（食、住、行、游、购、娱、制、网、教、设以及信息等）与空间布局（依据资源特色及分布合理布局）；安排旅游业发展优先项目；制定旅游发展的保障措施与政策，促进旅游业持续、健康、稳定发展。

5. 旅游发展规划的主要内容

（1）旅游业发展现状与分析（阐明规划区背景、旅游业发展情况等，分析其原因）→区位关系图、综合现状图。

（2）政策法规研究（对国家及本地区旅游及相关政策、法规进行系统研究，全面评估规划所需的社会、经济、文化、环境、政府行为等方面的影响）。

（3）旅游资源分析与评价（参考《旅游资源分类、调查与评价》（GB/T 18972 – 2003），对区域旅游资源的类别、品位进行全面调查，在此基础上进行分析研究，如有需要可以建立旅游资源数据库）→旅游资源分析图。

（4）SWOT 分析（区域旅游业发展的优势、劣势、机遇与挑战，最后得出一个结论）。

（5）客源市场分析与定位（分析规划区的客源市场需求总量、地域结构、消费结构及其他结构，预测规划期内客源市场需求总量、地域结构、消费结构及其他结构。在条件允许的情况下最好做一个市场调研）→客源市场分析图。

（6）旅游发展目标与战略选择（旅游产业地位、发展方向、发展目标〔含阶段性发展目标、各细分目标、发展战略〕等）。

（7）旅游空间布局（规划区旅游发展空间结构、功能分区和定位以及发展思路）→旅游空间布局图。

（8）旅游重点项目策划和建设时序（根据旅游资源特点、空间布局来科学设计旅游项目，并合理安排建设时序）→旅游项目布局图、分期建设图。

（9）旅游产品规划及游线组织（根据空间布局和项目设计来合理设计产

品）→旅游产品设计图。

（10）主题形象与营销规划（旅游形象定位、宣传口号以及针对不同市场制定切实可行的旅游营销策略）。

（11）旅游产业要素规划（旅游支撑体系规划，主要是道路交通规划、旅游住宿业规划、餐饮业规划、旅游商品与购物设施规划、娱乐业规划、旅行社规划、旅游信息规划等）→道路交通规划图、旅游线路规划图。

（12）环境保护与可持续发展规划（按照可持续发展原则，注重保护开发利用的关系，提出合理的措施）。

（13）保障措施规划（提出规划实施的保障措施）。

（14）近期旅游发展行动计划（主要针对规划区旅游发展需要，制订近期旅游发展计划）。

（15）投资匡算（对规划实施的总体投资分析，主要包括旅游设施建设、配套基础设施建设、旅游市场开发、人力资源开发等方面的投入与产出方面的分析）。

6. 旅游发展规划成果

包括规划文本、规划图件及附件。其中：

（1）规划图件包括：①区位关系图；②综合现状图；③旅游资源分析图；④客源市场分析图；⑤旅游空间布局图；⑥旅游项目布局图；⑦分期建设图；⑧旅游产品设计图；⑨道路交通规划图；⑩旅游线路规划图以及各重点项目的概念性规划图等。

（2）附件包括：①规划说明；②基础资料；③专题报告；④市场调研资料等。

第三节　B 类设计的技术标准

一、景区开发概念性规划（B2 - 1、B3 - 1）

景区概念性规划是对景区主要规划要素进行安排的一种新的表达方式，主要反映土地利用、布局形态和规划的物质特征，为委托方提供旅游开发的方向和创意设想。它强调思路的创新性、前瞻性和指导性，是一种对旅游发展思路的探讨和研究。作为一种规划设计的思维方法，概念性规划并不追求体系的完整，更在乎理念的创新和前瞻，是一种思维方法在规划上的应用。它淡化了设计的表象，更敢于超脱现实条件的约束，抓住关键，突出重点，解决问题。王建军在《对概念性旅游规划的认识》一文中指出概念性旅游规划具有如下特点：

1. 概念性旅游规划更具想象空间和创造性思维，因而更具前瞻性和生命力；

2. 讲究结构上、整体上的谋划，抓主要矛盾；

3. 运用模糊论证，允许存在偏差。尤其是当定量分析遇到困难时，趋向选择定性比较分析；

4. 快速灵活，低成本，高效率，便于编制，及时修订，及时更新资料，适应现代旅游市场竞争的需要，应用范围很广。

1. 复合型旅游项目开发建设概念性设计（大中型）

（1）使用对象：大中型投资商项目前期预案研究。

（2）概念性设计的成果标准。

① 场地阅读的专业评价：主要是对场地自然条件的调查，包括地形地质条件、气候条件、土壤建筑条件、动植物资源、矿产资源、水利资源等方面。

② 项目市场机遇和商业环境解析：主要针对当地的商业市场环境进行分析解读。

③ 用地概念的编剧和项目主题策划：土地利用的功能分块以及项目主题的确定。

④ 开发建设总体规划：在总平图上反映出来开发建设项目及总体规划的轮廓。

⑤ 项目内容构成设计及经济指标匡算：项目内容构成主要包括项目类型、项目形态、项目占地、项目布局规划及项目数量，经济指标匡算包括建筑面积、道路面积、绿地面积等指标。

⑥ 重要节点、典型场景及重大工程概念方案效果图设计：道路交叉口及广场等重要节点，根据具体的项目设置而安排的典型场景，重点项目工程及其他

重要工程的效果图设计。

⑦ 道路体系和交通流线概念设计：静态道路体系以及动态交通流线。

⑧ 给排水及水文整理概念设计：对水资源的整治，以及生活用水及排水系统的设计。

⑨ 植被、绿化、景观、亮化概念设计：项目所在地的道路绿化，广场绿地及其他绿地的设计，景观项目以及夜间灯光效果的概念设计。

⑩ 投入产出匡算及商业模式的初步评价。

2. 复合型旅游项目开发建设概念性规划（中小型）

（1）适用对象：中小投资商项目前期方案。

（2）概念性规划的成果标准。

① 资源条件与市场机会分析：主要是对场地资源条件的调查，包括动植物资源、矿产资源、水利资源等方面。

② 主题创意与规划总纲。

③ 项目布局规划：规划项目名称以及项目落地的大致范围等。

④ 设计概念图：重点项目概念图、重要景观意向图等。

⑤ 基础设施概念设计：道路、水电等设施综合图。

⑥ 投入产出匡算及商业模式的初步评价。

二、景区旅游开发总体规划（B2-2、B3-2）

1. 规划范围

有委托限定时按委托指定范围执行（或稍作调整）。

非指定范围时勘界的基本原则为：旅游资源与生态环境条件的完整性；历史文化与社会要素的连续性；旅游开发方向的关联性与开发目标的协调性；旅游区功能布局的必要性和旅游区管理的便利性。

2. 规划技术指标

规划技术指标包括建设经济技术指标、投资效益指标、生态环境指标、社会发展指标四个方面。建设指标应明确旅游区各项土地利用的面积与比例等。经济指标应明确旅游区在不同发展时期的年接待游客量、旅游收入目标、旅游区开发的经济效益等；生态指标包括旅游区的环境容量、水、大气、噪声等环境质量建设指标；社会指标包括区内居民人口控制、产业发展引导、服务就业安排等方面。

3. 规划文本的内容要求

（1）现状与条件分析（包括旅游区现状与建设背景分析、旅游资源与开发条件综合评价等）。

（2）规划总纲（包括规划依据、规划范围、规划时限、规划指导思想、规划目标、旅游区性质与主题形象、市场分析与客源规模预测、环境容量分析等）。

（3）总体布局与项目规划（包括总体布局结构与功能分区、旅游项目与景点规划、游览路线设计与网络组织等）。

（4）专项规划（包括旅游服务设施规划、道路交通规划、给排水规划、电力电信规划、资源保护规划、景观与绿地系统规划、防灾与安全规划、土地利用规划、经济社会调控规划、旅游营销规划等）。

（5）分期规划与投资分析（包括分期建设规划、建设项目投资投标、经济效益分析等）。

（6）规划实施保障措施与建议（包括资金筹集与运作、产业发展引导、旅游区管理、人员培训、政策保障措施、有关问题的处理建议等）。

4. 规划图则的内容要求

（1）规划图则的基本要素

规划图以地形图为底图，根据旅游区范围的大小选择适当比例的地形图。其中，小型旅游区图纸比例 1:2000～1:10000，中型旅游区图纸比例 1:10000～1:25000，大型旅游区图纸比例 1:25000～1:50000。

（2）基本图件

综合现状图、旅游资源评价图、区域位置图、市场分析图、功能分区图、总体布局图、道路交通规划图、旅游项目与景点规划图、近期建设规划图、游览线路组织图、旅游资源保护规划图、基础设施规划图。

（3）备选图件

绿化规划图、景观分析图、景象构思图、环境小品示意图、道路断面图、重点项目效果图等。

三、景区旅游开发控制性详细规划（B2－3、B3－3）

1. 适用范围

在旅游区总体规划的指导下，根据旅游区实际情况，为了近期建设的需要来确定旅游设施与建筑重点布置的区块，可编制旅游区控制性详细规划。

2. 规划技术指标

控制性详细规划的技术指标主要包括土地使用性质控制、土地使用强度控制、旅游综合环境质量控制三个方面。

（1）土地使用性质控制须明确景区内各地块的利用功能、规模与具体位置，必须做到定性、定量、定位；定性即明确地块的使用方向，定量即确定旅游项目与设施的用地面积和建筑量，定位即确定建设项目的具体位置和界线。

（2）土地使用强度控制即限定建设地块的建筑规模与容量，以减少对景区内良好自然环境的破坏，使景区开发的经济效益、环境效益和社会效益相协调。

（3）旅游综合环境质量控制，主要包括内外道路关系控制、环境景观控制、工程管线控制。主要控制指标包括：用地性质、用地面积、建筑密度、建筑限高、容积率、绿地率、建筑后退红线、建筑间距、建筑体量、尺度、色彩、风格、交通出入口方位、停车泊位、各级道路的红线位置、控制点坐标和标高等。

3. 规划文本的要求

景区控制性详细规划文本主要以条例化、指标化、图则化的形式反映规划说明的各项控制指标与控制要求。

4. 规划图则的内容与要求

（1）规划图则的基本要素

规划图以地形图为底图，现状地形图比例为1∶2000。规划图纸要标明项目名称、图名、图例、风格、比例尺、规划期限、规划日期、编制单位等内容。

规划图纸应与规划内容相一致，要素表示必须明确无误。

（2）基本图件及要求

① 规划用地区位图：表示规划用地与周围环境、城市及主要交通干道的关系；

② 规划用地现状图：展示现状地物要素，比例 1:2000；

③ 规划总平面图：标注各类建设项目与设施的空间布局、建设规模等，比例为 1:2000 ~ 1:5000；

④ 道路交通规划图：表示旅游区内的路网结构，标注道路坐标、标高、道路断面形式，比例为 1:2000 ~ 1:5000；

⑤ 绿化规划图：特色景观的展示与培育规划，绿地系统规划，比例为 1:2000 ~ 1:5000；

⑥ 工程管线规划图：标注各类工程管线的管径、平面位置、控制点坐标和标高，比例为 1:2000 ~ 1:5000；

⑦ 土地利用规划图：标注土地使用性质与使用强度，包括使用密度与容积率，比例为 1:2000 ~ 1:5000；

⑧ 局部效果图：形象展示主要建筑与设施的空间关系。

（3）备选图件

旅游资源评价图、市场分析图、功能分区图、游览线路组织图、旅游资源保护规划图、景观分析图、景象构思图、环境小品示意图、建筑方案选样图等。

5. 规划附件的内容与要求

（1）规划说明书的主要内容。控制性详细规划说明书主要应反映以下内容：旅游区现状；规划依据、性质、范围；规划构思与空间布局；旅游项目与景点规划；游览线路设计；道路交通控制规划；旅游服务设施规划；竖向规划；工程管线控制规划；绿地系统规划；土地利用规划；建筑风貌控制规划；主要经济技术指标；建设项目投资匡算；经济效益分析；规划实施措施等。

（2）规划基础资料的要求。编制控制性详细规划应收集整理以下基础资料与图件：总体规划或分区规划对本规划地块的规划要求，相邻规划地段已批准的规划资料，土地利用现状资料，准确反映现状的地形图、建筑物现状资料，工程设施与管网现状，当地历史文化传统，当地环境质量资料，其他有关资料。

注：小型景区直接编制控制性详细规划的，应当根据景区规划的实际情况，在符合控制性详细规划内容要求的基础上，可适当增加景区总体规划的相关内容，如资源分析与评价、客源市场分析、主题定位与形象设计等。

四、景区旅游开发修建性详细规划（B2 - 4、B3 - 4）

1. 适用范围

在景区总体规划和控制性详细规划的指导下，参照景区总体规划的相关规划技术依据。

2. 主要任务

修建性详细规划是总体规划、控制性详细规划的具体化，在总体规划、控制性详细规划的基础上对各类设施与建筑做出具体安排，对建筑空间和艺术处理加以明确，核算各地块的技术经济指标，为各项工程设计和工程施工提供技术依据。

3. 主要内容

（1）确定各类建筑、各类用地的具体位置和控制尺度。

（2）确定道路的红线、断面、交叉点坐标、标高、曲线半径、缘石半径、变坡点、路段坡度。

（3）确定建筑物的室外高程、各类场地的标高，并对规划用地做出综合竖向处理，平衡土方。

（4）确定各类工程管线及其相关设施的设置、用地。

（5）主要建筑与主要干道的平、立、剖面规划设计。

4. 规划成果的表达

（1）主要规划图纸

① 综合现状图：利用符合工程测量标准的用地现状地形图，标注现有建筑物、构筑物、道路、绿地、管线工程等在图上的准确位置。比例尺为 1∶500 ~ 1∶1000。

② 规划总平面图：标明用地及建筑物的使用性质，标明各类建筑、场地的

位置、尺寸,并对新建和改造建筑做出不同的标示。比例尺为 1:500~1:2000。

③ 竖向规划图:对规划用地的地形做出设计处理,并标明道路的红线、断面、长度、坡度、曲线半径、交叉点和转折点的标高等。比例尺为1:500~1:2000。

④ 道路规划图:表示景区内的路网结构,标注道路坐标、标高、道路断面形式,比例为1:500~1:2000。

⑤ 绿地系统规划图:特色景观的展示与培育规划,绿地系统规划,比例为1:500~1:2000。

⑥ 工程管线规划图:标明各类管线的位置、标高、坡度、相互之间的关系。比例尺为1:500~1:2000。

⑦ 主要建筑与主要干道的平、立、剖面规划设计图。

⑧ 鸟瞰或透视等效果图等。

(2) 规划设计说明书。主要对规划图纸加以说明,包括各种技术经济分析。内容包括以下方面:

① 综合现状与建设条件分析。

② 用地布局。

③ 景观系统规划设计。

④ 道路交通系统规划设计。

⑤ 绿地系统规划设计。

⑥ 旅游服务设施及附属设施系统规划设计。

⑦ 工程管线系统规划设计。

⑧ 竖向规划设计。

⑨ 环境保护和环境卫生系统规划设计。

五、旅游度假村、旅游地产开发建设方案设计 (B2-5)

1. 适用范围

适用于已完成立项并完成了详细规划,为当前建设做准备的项目。

2. 主要任务

在详细规划的基础上，对度假村的各项建筑和工程设施的建设方案进行细化设计。

3. 主要内容

（1）基地综合现状分析。

（2）土地利用和功能布局方案。

（3）景观系统和绿地系统规划设计方案。

（4）配套基础设施和服务设施规划设计方案。

（5）总平面设计（包括要明确各项经济指标，必要时及有条件的情况下计算场地初平土方平衡量）。

（6）工程分项方案设计（道路系统、消防、绿化、综合管线、竖向设计）。

（7）要开发建设项目的单体方案设计（根据建设方的需要另行设计，收取单体设计方案费）。

（8）投资概算等。

4. 成果要求

（1）图件（综合现状图、规划设计方案总平面图、功能结构图、道路方案设计图、绿地系统规划设计方案图、工程管线综合设计方案图、游服设施设计方案图、土地利用规划方案图、总体鸟瞰图、单体建筑的平立剖面图、各类效果图）。图纸比例一般为 1∶500～1∶2000。

（2）设计说明书。

六、地标性文化休闲公园规划设计（B3－8）

1. 主要内容

（1）基地条件分析。

（2）地形设计。

（3）总图设计。

（4）种植设计。

（5）建筑物及其他设施设计。

（6）工程概算。

2. 成果要求

（1）方案设计说明书。

（2）各工程图件（比例 1：100～1：500）。

第四节　C、D、E 类设计的技术标准

一、5 人内 VIP 客人出游订制设计（C1－1）

1. 主要任务

5 人以内的出游订制旅游，根据旅游者的需求，以旅游者为主导进行旅游行动流程的设计。

2. 主要内容

（1）VIP 客人需求分析。

（2）VIP 客人专项服务设计。

（3）客人后续服务设计。

二、残疾人出游订制设计（C2－1）

1. 适用范围

适用于特定群体专项设计。

2. 主要任务

在深入分析残疾人群体旅游需求的基础上，有针对性地对特定项目进行设计。

3. 主要内容

（1）残疾人群需求细分。

（2）特定线路设计。

（3）旅游过程服务设计。

（4）后续服务设计。

三、城市、区域形象品牌设计（D1-1）

1. 主要任务

以城市、区域社会氛围、文化氛围角度为着眼点，结合城市、区域的自然地理环境、城市布局、文化传统、地方特色等方面对城市的物质空间以及形成和运作的全方位的设计。

2. 主要内容

（1）城市现状特色分析。

（2）城市形象整体策划或改造。

（3）城市品牌支撑体系。

（4）城市品牌形象运营。

四、旅游类项目可行性研究报告（D2-3）

1. 主要任务

从经济、技术、生产、供销直到社会各种环境、法律等各种因素进行具体调查、研究、分析，确定有利和不利的因素、项目是否可行，估计成功率大小、经济效益和社会效果程度。

2. 主要内容

（1）投资必要性。

（2）技术的可行性。

（3）财务可行性。

（4）组织可行性。

（5）经济可行性。

（6）社会可行性。

（7）风险因素及对策。

五、景区迎宾大道、引景仪门、入口服务区综合设计（E3）

1. 适用范围

适用于当前要开发建设的项目。

2. 主要任务

在详细规划的基础上，对各项工程设施的建设方案进行深化设计。

3. 主要内容

（1）整体平面布局方案。

（2）整体的景观系统和绿地系统规划设计方案。

（3）单体平、立面设计方案。

（4）场景效果。

（5）配套基础设施和服务设施规划设计方案。

（6）建设预算。

4. 成果要求

（1）方案设计说明书。

（2）各工程图件（比例 1:100～1:500）。

六、景区标识（路牌、导游图、门票等）系统设计（E4）

1. 主要内容

（1）分布设计方案。

（2）单体标识牌的施工设计。

（3）单体标识效果示意。

（4）工程概算。

2. 成果要求

（1）方案设计说明书。

（2）各工程图件（比例 1:50～1:500）。

七、旅游参观场馆布置、场景陈设策划设计（E6）

1. 主要任务

在详细规划的基础上，对各项工程设施的建设方案进行深化设计。

2. 内容

（1）场馆整体平面布局方案。

（2）单体平面布局方案。

（3）功能分区方案。

（4）场景布置效果。

（5）场景活动策划。

（6）工程概算。

3. 成果要求

（1）方案设计说明书。

（2）各工程图件（比例 1:50~1:500）。

第五节　旅游设计的时新领域

随着旅游业在我国的发展规模、重要性、普及程度和研究深度的增加，人们会逐渐地感觉到把握旅游前沿动态的重要。把握住旅游业不可或缺的"根基"——旅游设计业的前沿领域，可以更好地把握住旅游业整个行业的前沿动态。

其一，旅游设计并不是仅仅涉及单一学科的理论技术，而是要站在多学科交叉的地方进行探索和思考。而如今，行业内部有增长潜力的交叉点包括：旅游与休闲的交叉点、公共产品（游憩）与私人产品（度假）的交叉点、旅游产品作为商品与作为福利的交叉点、区域（城市）旅游发展与城市规划的交叉点、遗产（自然保护地、历史街区）保护与使用的交叉点、环境教育与旅游产业的交叉点、节事会展与大众旅游的交叉点，等等。此外，地理学与心理学交叉的目的地选择行为研究，营销学、传播学与地理学结合的目的地营销研究，社会学、人类学、生态学结合的旅游影响研究，工商管理、国际贸易、国际关系结合的国际旅游研究，都是我们设计旅游产品和旅游项目的时候要考虑的内容，也都是以后旅游设计的前沿领域所在。也就是说，旅游设计的前沿在于多学科的融合和运用。

其二，某些专题类型的旅游项目设计已经成为前沿的热点领域。如被认为可以提高经济利益，提高当地居民的自尊、加强社区团结的生态旅游；解决城市压力、养老问题的乡村旅游；与寓教于乐为一体的遗产旅游（自然和人文）、促进城市品牌化知名化的节事旅游和满足人们猎奇心的探险旅游等，都是旅游设计中的前沿热点。而旅游设计就是要知道和了解如何设计这些前沿和热点的专题类型的旅游项目，从而达到与时俱进，以发展的眼光和战略观念来对待旅游设计行业。下面我们就以智慧旅游设计为例，谈及旅游设计的前沿走势。

一、智慧旅游

（一）概念

"智慧旅游"是一个全新的命题，它是一种以物联网、云计算、通信网络、高性能信息处理、大数据挖掘等技术在旅游体验、产业发展、行政管理等方面的应用，使旅游物理资源和信息资源得到高度系统化整合和深度开发激活，并服务于公众、企业、政府等的面向未来的全新的旅游形态。它以融合的通信与信息技术为基础，以游客互动体验为中心，以一体化的行业信息管理为保障，以激励产业创新、促进产业结构升级为特色。简单地说，就是游客与网络实时互动，让游程安排进入触摸时代。

（二）智慧旅游的发展内涵

（1）引领世界旅游的发展潮流

智慧旅游以人本、绿色、科技创新为特征，利用云计算、物联网、高速通信技术等信息高科技提升旅游服务质量与服务方式，改变人们的旅游消费习惯与旅游体验，成为旅游发展与科技进步结合的世界时尚潮流。尽管欧美等发达国家在旅游智能化方面取得令人羡慕的成就，但云计算、物联网、高速互联网等新型信息技术在旅游领域尝试性运用却刚刚开始，各国在智慧旅游发展上处在同一起跑线上，谁在智慧旅游发展方面占据先机，谁就能引领世界旅游发展的潮流。

（2）打造现代服务业科技典范

目前，我国旅游业因其科技含量不足、知识密集程度不够、经营管理方式传统尚不属于现代服务业的范畴。智慧旅游建设是我国旅游业由传统服务业向现代服务业转变的突破口，借助智慧旅游示范城市、产业园区、示范企业的建设，强化我国智慧旅游装备制造、智慧旅游应用软件、智慧旅游经营发展模式等方面的探索和建设，以提升我国旅游业的科技含量，增强我国旅游创新能力，提升我国旅游服务质量和国际竞争力。以云计算、物联网、高速通信技术等信息技术的有机整合，使旅游业的信息化水平与工业信息化水平同步发展；使旅游业的信息化水平超前于服务业整体的信息化水平；使旅游业发展成为高信息含量、知识密集的现代服务业的典范。

（3）增强科技集成的竞争优势

目前，智慧旅游作为一个发展概念，尚无技术标准和建设发展模式，现在进行的智慧旅游建设均属于探索性的建设。在未来智慧旅游主导的旅游产业竞争格局中，谁参与了智慧旅游标准制定、谁参与了智慧旅游技术整合、谁参与了智慧旅游经营模式探索，谁就可能占据世界旅游产业中利润最丰厚的部分，占据旅游产业的市场优势和竞争主动权。因此，在智慧旅游"云—端"的模式总体框架下，将云计算中心、高速互联网、高速移动通信网、物联网等进行集成性融合尝试：采用"私有云计算"的服务方式降低基础设施建设成本、维护成本和升级成本，提升信息处理能力；采取虚拟定位技术，将游客锁定到三维地图之中，进行可监控救援服务；采取游客信息采集处理技术，对消费者进行类别区分，提供贴身营销服务等，实现智慧旅游信息科技集成条件下的精细管理的价值诉求。

（4）探索旅游管理的创新平台

智慧旅游需要有智慧旅游系统应用平台的支撑。智慧旅游系统应用平台作为一个信息集成系统，收集景区物联网的监控信息，如智慧园区客流动态监控状况；游客消费实时信息；餐饮、饭店、商铺经营动态系统；景区生态、遗产文物等实时监控状况；安保信息系统等，物联网采集信息通过虚拟数据中心的云计算驳接系统，传输到云计算中心，在云计算中心完成信息计算与处理，再返回虚拟数据中心，虚拟数据中心的系统平台提供分析结果，供决策管理者进行旅游信息决策，使智慧旅游景区管理更加高效合理。

（5）满足旅游体验的个性需求

智慧旅游发展的直接受益者是旅游者。旅游者通过智慧旅游系统的终端驳接工具，完成网上旅游咨询服务，如查询观光信息（景区、周边餐饮、住宿、文化活动）、网上预约（网上支付最新演出、电影的门票，预订你最想坐的座位）和网上淘宝服务（各种优惠券、电子导游书），还可以订制私人旅游线路，合理安排个人日程，最大化地利用旅游时间。智慧景区也将提供更加多元化、个性化的服务，旅游者能够根据自己的需要选择性消费。旅游者与智慧景区系统进行不断地信息互动，进而不断创新景区服务形式和消费内容，旅游者每次到来都有不同的体验和感受，旅游者乐于重复消费。

（三）智慧旅游信息流

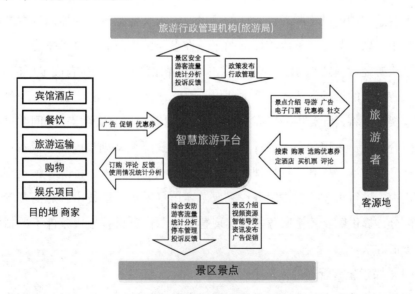

图 4-1　智慧旅游信息流

（四）智慧旅游的场景及能力

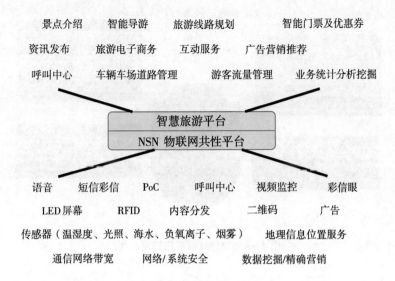

图4-2　智慧旅游的场景和功能

（五）智慧旅游的系统结构

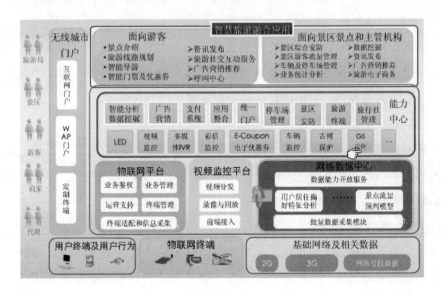

图4-3　智慧旅游的系统结构

（六）智慧旅游应用场景分类

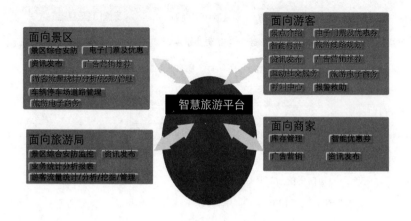

图 4 – 4　智慧旅游应用场景分类

二、创新领域

技术人员要时刻关注时新领域，给项目一个充分的创新空间。

（一）出游设计

出游设计是产品设计而不是线路设计，根据游客的需要、时间限制、消费标准提供，旅游咨询方案，让游客消费后体验和感觉产品价值。如今的各类俱乐部、圈子数量很多，对出游设计的专业需求就会大量增加。

（二）主题酒店

把酒店当作一个另类景点，演绎主题又具备酒店住的功能进行设计。凡是可利用的东西都可以用来建造主题酒店，像泥土主题、石头主题、枯木主题、破旧轮胎主题等。

（三）度假区

由工业的散落到工业集聚，从而使得散落工厂转变为工业园区，旅游度假区也是依此原理形成，旅游景点、景区、娱乐、体验等形成旅游的集大成——度假区，度假区设计的原理和传统的项目设计原理不同，要从产业密度、服务功能、产业集成等更高层次方向思考，是设计中的大手笔。

（四）微设计

所谓的微设计即一个旅游项目的组成部分的专业化，由小、细做起做专，到达落实、实施的层面。比如标志系统、景区大门设计、慢行系统中自行车驿站设计等。

（五）景区提升设计

目前我国建成和营运的旅游景区很多，不少景区已发生了市场、管理或产品老化等的问题，这些问题的解决催生了旅游设计中的一个专业领域：景区提升设计。

第五章 旅游设计的类别方法

第一节 区域旅游产业发展规划

一、区域旅游发展规划的技术流程一

作者在 2001 年对当时"区域旅游发展规划"的作业实践进行总结,简洁地提出了"两个分析,一个确定,三个落实,四个配套"的作业方法。这里简述如下。

1. 两个分析

资源条件分析和市场环境分析。

2. 一个确定

确定产业目标体系,包含三方面内容:

(1)从资源品位、开发层次、经营规模定性确定该区域内旅游业的产业地位。

(2)定量确定本旅游地的旅游产业的发展指标体系。

(3)制定分期发展计划及发展目标。

3. 三个落实

(1)落实形象诉求:基于旅游业区域性、联合性的特点,结合资源开发现状条件,找出高度概括表现该地域地脉、文脉、史脉的本体形象,并在此基础

上进行提升策划，找出差异性，落实形象诉求、形象定位、产品设计理念等系列规划工作。

（2）落实产品结构：以资源为基础、市场为主导来设计"工艺经营系统"，规划开发不同配比、不同侧重的观光、度假、专题等产品类型，使区域旅游发展在产品层面上形成一个对应市场，由此规划富有竞争力且相对稳定的旅游产品结构。

（3）落实开发格局：划定规划区域内的重点区块、线路（或设施、事件）；有所为有所不为、主次分明地确定开发的时序，形成区域内空间组织；充分考虑周围相接区域联网组线的现状及可行性，以及因道路新建成而对大型旅游吸引物所造成的各种变数；确定规划区域的重点建设项目，进行项目企划。

4. 四个配套

（1）产业链配套：根据目标体系确定"食、住、行、游、购、娱、制、网、教、设"10大要素的不同比重及演化方向，随之规划住宿、餐饮、交通、游览点、购物供给、娱乐配套等相关产业的纲要性发展方案。

（2）政策资金配套：包括机制、体制、土地政策、金融政策、财税政策、信贷政策及人才政策等多个方面。

（3）基础设施配套：包括道路、给排水、电力电讯、绿化美化、环境保护、安全保障六个专项。

（4）执行措施配套：规划的价值体现在规划的执行落实、制订了规划"战略"，必须有使该规划落到实处的"战术"措施。

总而言之，区域旅游规划的成果是一份蓝图的完成、一份方案的启动。就蓝图来说：应具备前瞻性、系统性、展示性的特点，服务于政府的决策导入；就方案来说：应具备实战性、有序性、约束性的特点，服务于行业操作。

二、区域旅游发展规划的技术流程二

吴必虎在《区域旅游规划原理》一书中总结了多位旅游规划专家关于区域旅游发展规划编制方面的研究成果，结合自身区域规划方面的经验，提出了"1231"的基本规划模式。即确定一个发展目标，进行两个基本分析，做好三个发展板块设计，构建一个支持系统。

1. 确定一个发展目标

区域旅游规划的目标包括总体目标和分目标两个部分，总体目标是提出规划期限末规划地区希望实现的综合地位，分目标则分别就旅游活动的经济、社会和环境影响提出需要实现的蓝图。

区域旅游发展目标的确定，将决定旅游业的产业地位和发展速度，是整个旅游发展规划都要围绕它展开的核心中的核心，是旅游发展的纲领性指标体系。

2. 进行两个基本分析

（1）对旅游市场的分析

对于市场研究来说：其表层的内容就是对客源市场的过去、现在和未来态势进行分析、预测；里层的内容就是确定目的地的旅游形象，并向潜在的游客、游客市场进行有效的市场营销，使潜在的市场转变为真实的客源市场。

（2）对旅游资源的分析

对于资源的研究来说：其表层的内容就是对各类旅游资源现状进行调查、评价；里层的内容就是对旅游资源的进一步开发和利用进行综合功能配置，构架空间网络，布局重点开发地段。

表5-1　旅游市场和旅游资源的表层和里层分析内容

要　素	表层内容	里层内容
市场分析	需求方：国际、国内、本地客源市场的数量和特征的历史回顾、现状分析和未来预测	定调子：区域旅游形象设计与传播、旅游目的地的营销与宣传
资源分析	供给方：根据某种分类方案和评价指标，对区域旅游资源进行调查和评价，特别是资源转化为产品的适宜性评价	定盘子：旅游资源开发的空间布局规划、重点资源开发与保护地段的选择、旅游线路的设计

3. 设计三个板块

在分别对市场和资源进行分析评价的基础上，提出今后旅游发展的各种规划方案或政策措施。

第一板块为前位板块，它是指直接吸引旅游者前来参与旅游活动的旅游吸引物，即狭义的旅游产品和开发项目。

第二板块为中间板块，它是指为前来的旅游者提供各种旅游服务，包括交通、住宿、餐饮、娱乐、购物等服务的旅游相关行业、设施和服务。

第三板块为后位板块，它是指旅游区内外的物质环境和社会环境。

以上三个板块层层紧扣、相互依存，构成了区域旅游发展的主要支撑。

4. 构建一个支持系统

规划方案能否得到有效的实施，有赖于规划的管理和支持保障措施的落实。规划方案及政策的施行，将会对规划区域的社会、经济、环境等各方面带来影响，采取何种政策和措施控制这些影响，也是规划需要加以监测和管理的问题。在规划中需考虑如何从政府的角度对旅游发展规划方案及其影响进行有效管理，提供相应的政策保障。这些支持系统的内容包括政府管理、政策、法规、人力资源、投资金融、社区支持、科技保障等。

第二节　旅游目的地设计

随着中国旅游业的迅猛发展，对旅游规划需求也日益兴盛。为了进一步规范旅游规划市场，国家旅游局相继出台了《旅游发展规划管理办法》《旅游规划设计单位资质认定暂行办法》《旅游规划通则》，这些规定和标准标志着中国旅游规划开始走上规范化、标准化的轨道。

如何在实际的规划设计作业过程中一方面能更好地理解、更好地运用这些标准和规范，另一方面又不局限于这些标准和规范，在其基础上有所创新和突破显得十分重要和必要。

远见旅研一直致力于旅游规划设计技术的创新，其中"旅游区总体规划'6·12'模式"是其中对于旅游区总体规划的实操型技术总结。这里介绍如下。

一、"6"（六项主要规划内容）

1. 基础分析

在对项目地考察的基础上，要充分把握项目地的地理区位、自然资源、人文资源、经济社会状况；依据"旅游资源分类标准"对项目地的旅游资源做出科学的分类与评价；并对项目地的旅游业现状、旅游产品做出 SWOT 分析。主要内容涵盖以下三个方面：

（1）对规划场地和现状资源进行分析；

（2）对当地旅游行业走势、旅游产品、市场机会、竞争对手进行分析；

（3）对相关规划的衔接，如城市总体规划、区域性旅游总体规划等。

2. 规划总纲

根据项目编制委托方的要求，界定规划范围、规划期限等，确立总的发展思路，明确规划目标、任务、使命等，制定相应的发展战略等。主要内容涵盖以下四个方面：

（1）明确规划依据、范围、原则、期限；

（2）确立规划目标、性质、使命、任务；

（3）规划理念、核心构思、远景蓝图；

（4）制定发展战略。

3. 功能格局

在确定了总的规划思路前提下，对规划范围内的项目做出相应的空间结构分析，确定规划节、点和规划轴线；在结构分析的基础上，进一步明确各区块的功能定位；主要内容涵盖以下两个方面：

（1）规划结构分析：节、点和轴线分析；

（2）功能分析：对功能定位和功能分区的分析。

4. 重点项目

本项内容是在明确了功能分区的前提下，在对总体规划方案进一步深化、细化的基础上，对总体规划方案内的重点建设项目进行定性、定量、投资规模等内容的细化描述，以指导后期的控规、详规等方案设计顺利实施；值得提醒的是重点项目不宜太多，一般情况下 3~9 个重点项目即可。主要内容涵盖以下两个方面：

（1）要确定建设哪些项目是重点项目；

（2）要确定各重点项目的功能、用地、投资规模等。

5. 专项设施

通常情况下，旅游总体规划中的专项设施规划包含两个部分的内容，即基础设施规划、游服系统规划。基础设施规划包括：解决道路系统、给排水、电力电讯等基础设施问题；游服系统规划包括：游赏系统（旅游区内的景点、核心卖点）、服务系统（游服中心、餐厅、急救、休憩设施、厕所、停车等）。

6. 运营匡算

一个完整的旅游总体规划，必须要包含一个相应的运营管理体系规划，并根据景区或者旅游区的主题形象定位制定相应的营销宣传策略，最后，要对整个旅游总体规划的投资进行一个科学合理的投入产出分析。

（1）投入产出分析、匡算；

（2）形象定位、营销策略、宣传口号等；

（3）运营模式、管理体系。

二、"12"（十二组必备图件）

1. 区位关系分析图（组）

通过对旅游规划地的区位分析，要让人们能够从该图中获悉旅游规划地在不同地域范围内所处的位置。

2. 现状资源分析图（组）

通过对旅游地现状资源的分析，要让人们能够从该图中获悉规划范围内、或区域范围内存在哪些现有旅游资源、景点、历史遗存等。

3. 规划结构分析图（组）

通过对本图的分析，要让人们能够了解该规划的重点建设片区、发展方向等（在前期做规划思路时，我们也称该图为泡泡分析图）。

4. 功能分区图（组）

该图要让人们能够清晰地获悉规划区范围内某一地块的功能定位、发展目标、方向等。

5. 道路交通规划图（组）

本图主要是表达了规划区范围内及周边的道路系统组织，明确道路规格等级，解决内部交通与外部交通的衔接问题，同时应明确规划区的出入口及其等级。

6. 电力电信规划图（组）

本图反映的是规划区范围内的电力、电信网络走向，开、闭电设施的设置，及与外部电力电信的衔接问题。

7. 给排水规划图（组）

本图反映的是规划区范围内的给水管道、排水管道走向，及与外部给排水系统的衔接问题。

8. 游赏系统、游览线路组织规划图（组）

本图反映的是针对不同的旅游景区、旅游内容而规划出的不同旅游线路，以供游客选择。

9. 旅游服务设施规划图（组）

该图反映的是针对不同的旅游景点、旅游区而配备相应的服务设施，通常我们会把游服设施等级划分为：一级游服中心、二级游服中心、游服点。

10. 导识系统规划图（组）

导识系统规划图所展示的是某一旅游点、旅游区涵盖有哪些类型的项目，其表达形式多种多样，如标志牌、广告牌等。

11. 重点项目分布图（组）

该图反映的是所有的重点项目在规划范围内所处的大概位置。

12. 分期实施规划图（组）

该图反映的是规划范围内不同区块、不同项目的建设实施次序问题，如一期建设、二期建设、三期建设。

第三节　订制旅游设计

订制旅游起源于自助游。随着生活水平、受教育程度、交通条件和其他内外因的影响，旅游者对旅游内容的要求越来越高，而订制旅游就在这种情况下应运而生。从 20 世纪五六十年代开始，欧美许多旅游代理机构便已经推出了订制旅游这样的服务。欧洲许多大型的代理服务公司利用旗下驻属各地的旅行社来为客人订制贯穿整个欧洲，涉及飞机、邮轮和游艇等各种交通方式的旅游，为旅行者策划跨国界的旅行线路或者提供个性化的旅行服务。

1. 订制旅游的概念

订制旅游是在细分了具有不同兴趣爱好、旅游需要的人群基础上，整合能满足游客个性化行程需求的旅行供应商与跨行业资源的合作伙伴，以旅游者为主导进行旅游行动流程的设计。因为订制旅游是针对某一人群有特定需求的消费者进行的出游设计，所以在订制旅游的设计之中，游客也将参与产品的设计与选择，并根据自己的喜好和需求订制行程，设计人员提供的更多的是顾问式服务。其旅游行程中的服务要素是灵活、周到、流畅、专业的。

2. 订制旅游的中国市场

旅游市场在经过多年的旅游变革中，由传统的组团旅游方式逐渐向"自由行"的方式发展，然而自由行却又局限于旅游路线和旅游过程没有专业人员的设计规划，很容易使得游客在旅游的过程中与景区中的亮点擦肩而过，所以人们急需一种个性化、专业化的旅游订制服务。订制游是一种新式的旅游服务项目，这种旅游方式是从自由行上面延续而来的，补充了自由行的弊端，而又充分表现了订制游的个性。因而，这种充满个性化的订制旅游模式就逐渐被引入中国。

例如，于 2002 年成立的国内第一家私人订制旅游服务机构——班敦俱乐部。该俱乐部截至目前已经带团去过六次南极、两次北极。经统计，2010 年参加过班敦旅行活动的人数已达 3000 多人。2010 年 10 月，大连的一个三口之家体验了"哈佛大学学子之旅",在旅游过程中,孩子到哈佛大学听了两天的课程,最终同意去美国留学读书,改变了原来的想法。

"出游订制"很美丽,但在目前我国的旅游市场中,还是小众化市场,而小众就意味着不一样,有独特的个性,所以很难提供标准化的服务,于是就很难形成核心竞争力。国内的旅行社和旅游规划设计公司在订制旅游的时候,也有很多局限性。首先,设计实力还有待培养,能否设计出具有个性化的方案,符合"出游订制"的需求都是考验。其次,个性化的线路也需配以高标准的服务,订制旅游的报价会远高于团队游,游客缺少比价"参数",从而导致想参加订制旅游的游客对价格心存疑惑。

虽然,在我国现阶段订制旅游还只是处于初级阶段,技术、人力等方面还不成熟,不过这种旅游方式正在被国人慢慢认同和接受,它将成为未来旅游市场的主力军。很多业界专业人士都认为订制旅游是旅游界的"潜力股",是旅游界发展的一个新方向。

3. 订制旅游的设计

产品策划和设计是订制旅游的要点,也是难点,跨行业的专业素质是服务的保障,也是利润的支撑点。在整体服务中,不仅要完成旅行服务任务,更要力争成为游客可信任的旅行顾问和朋友。总的来看,标准旅游产品关注产品本身,而订制旅游产品更关注人。

对于订制旅游产品的开发,需要投入大量的人力、物力及充足的专业人才,且订制旅游的设计公司需要具有其他旅游企业所不能相比的地方资源及特色。尽管很多相关的旅游企业都想要投身于这一行业,但是考虑到出游订制旅游的设计人员需要的是全方位、高要求的人才,所以很多企业对这项业务也只是持观望的态度。

国内订制旅游的成功案例虽然数量不多,但经验却足以让我们借鉴。

四川北川的药王谷旅游度假区是国内将订制旅游的概念较好地诠释出来的景区。药王谷依托一片生长了五六百年的中药材原始森林,聘请了当地有名的老中医、老药师,将传统中医理疗调理引入其产品线中,为都市亚健康人群提供全套的传统中医体检,根据每个人不同的体质特点制订专门的身体健康调理方案，在这些调理方案中，有药茶、药枕、药浴、药酒和药膳，传统国粹太极拳、五禽戏等也在调理处方里，根据客人的不同诉求，甚至禅修也在其产品组合中。客人在优美的环境下，沉浸在充满中草药成分的湿润空气中，根据配方完成了三五日的调理体验后，度假区还合理地把产品服务延伸到客人返城后的日常生活中，将客人的调理处方制作成成品汤药，配送至客人指定的地址，一个疗程后，客人还可以通过互联网让度假区的中医回访，得到后续的养生调理建议。从订制旅游的角度讲，药王谷实现了真正意义上的订制旅游产品流程——从产品设计到产品服务，关注点始终放在人身上，产品只是为关注点提供的实现途径。

总体来说，订制旅游的产品服务，是对产品设计、资源配置、专业技术保障的合理演绎，是订制旅游的商业价值体现点，满足旅游六要素显然是远远不够的，在产品服务流程里，从业人员的门槛会大幅度提高，跨界的专业组合是优质服务的基本保障。而对于设计出游订制的机构、企业、会所来说，订制旅游产品可谓旅游业的"金矿"，与普通旅游产品相比，订制游的利润达到10%～15%，甚至更多。

第四节 旅游辅助设计

辅助设计是除去区域规划设计、目的地设计、出游订制设计、微设计以外的与旅游规划设计有关联的但又不包含在上述所提到4种设计类型之列的设计任务的统称。辅助设计的重要性可以用哲学的观点来考量。哲学观讲求主体、客体与介体。就旅游业而言，即旅游主体——旅游者；旅游客体——旅游产品；旅游媒介——旅游业和贯穿在其中的旅游活动（指以一定的经济、社会、环境存在和发展为依托，由旅游者、旅游客体和旅游媒介互为条件、相互作用所产生的现象和关系的总和。而旅游辅助设计也就是对旅游产业中"介体"的设计）。

由于旅游介体众多，所以本章节中我们只针对节事旅游设计、旅游营销推广的策划、项目建议书的编制规范以及可行性研究报告的编制规范进行讨论。

一、节事旅游的设计

节事旅游运作流程，一般包括前期准备、内容策划、方案评估三个阶段，主要的环节有开发条件分析、主题设计、节事活动主体策划、营销策划、策划方案评估。

1. 设计的前期准备阶段

这一阶段主要包括策划任务的确定、人员的组织和资料的收集。其中最主要的工作环节就是对当地节事旅游的开发条件进行分析。

举办节事旅游的条件可以简单的概括为节事旅游资源基础与载体、客源市场需求特征、区域旅游业发展基础、经济与社会支撑条件等。只有具备这些良好的条件，节事旅游才有可能发展成功。所以，节事旅游策划的第一步是建立在调研的基础上，对产品开发条件进行分析。

节事旅游资源基础与承载条件如下：

（1）原有民俗节事基础资源与载体的分析。一般而言，任何一个地区都有其历史或者是地方的民俗文化以及宗教意义上所形成的节事旅游资源，我们就是对这些资源进行调查研究然后为现代旅游节事产品的开发所用。资源调研的内容包括：原有的民俗节事的知名度、数量、主题、内容、形式、参加主体和影响范围这七项内容。然后，要对该区的民俗节事知名度、规模、影响程度、开发潜力等进行分析，对其能否策划成为现代的旅游节事产品进行评价。

（2）新节事旅游载体的设计。除了从原有的民俗节事中演化成现代的旅游节事产品，设计者还可以创造性地开发新旅游节事产品，即通过选择适当的节事载体创造性地开发新的旅游节事产品。这里的"载体"所指的是自然人文资源，也包括美食、特产、文化、习俗等能成为节事载体的物质文明和精神文明资源。对于文化与精神文明的载体而言，设计时要注意其对社会的影响能力；对于物质与景观的载体而言，设计时应注意其规模化和美誉度。

（3）节事旅游的竞争条件分析。不论选择什么样的节事旅游的载体，都要考虑是否有雷同性，如国内外区域是否有相同的主体，相同的活动内容、形式等。如有雷同，应进行对比性分析，清楚双方的优劣势以及现状情况，以便更好地在竞争中取得优势地位。竞争条件分析又分为以下三点：

① 客源市场需求分析

任何一种旅游产品的设计都要从游客的感知角度出发，考虑客源市场的需求状况。需求状况可以通过问卷调查的方式获得或者是通过调查了解与之相类似的节事产品的竞争优势。

② 地区内旅游业的发展基础分析

这里提到的"地区内"是指节事旅游举办地原有的旅游产品的发展情况。因为从整个区域旅游格局发展来看，节事旅游的发展需要其他旅游产品作为其补充。从游客旅游的心理形态为出发点考虑，只有一个地区具有丰富的旅游项目、游览内容才是节事旅游产生魅力的源泉。所以，设计节事旅游之前要充分了解当地的旅游业发展状态和情况，这样才能形成区域旅游与节事旅游之间良好的互动。

③ 经济与社会支撑条件

a. 旅游节事活动的组织、宣传，以及举办节事活动的卫生、公共设施的维护改良等都需要一定的费用支出，特别是对国际大型旅游节事的策划和举办，更需要强大的人力和物力的支撑。因此，在节事旅游设计前期，要确定地方财政、企业和群众对旅游节事举办的经济支撑力度。否则，节事活动的设计方案是无法落实的。

b. 对社会条件的考虑要包括：旅游节事内容是否为社会制度所允许；地方政府的热情和积极性；地方相关法规对节事活动的制约和影响。

c. 节事活动既是旅游的经济活动但同时又涉及民俗活动的范畴。而民俗活动都有其群众基础性。一方面，节事活动的主要参与者都是当地的群众，群众基础和他们的参与热情是节事活动的关键；另一方面，有些当地群众不愿意与游客一起参加当地的节事活动，认为破坏了当地的民俗风情或者是不愿意把原有的节事活动作经济利益之用。因此，在设计旅游节事产品时，一定要考虑当地群众的看法，获取当地群众的支持。

2. 内容的设计阶段

（1）节事旅游的主题设计

对于设计者而言，整个节事活动要有一条内在的、看不见的主轴线来贯穿，这就是节事旅游的主题。节事活动一般有一特定的主题为核心，展开一系列可以体现、升华主题的活动和表演，鲜明的主题是使节事旅游避免枯燥乏味的关键所在。因此，主题的选择和设计，直接决定了节事旅游的吸引力和魅力。

节事旅游的主题设计包括以下两个过程：

① 文脉的辨析与提炼。文脉包括节事活动举办地的自然地理背景、历史文化、社会心理积淀、经济发展水平的思维时空组合。

通过文脉的辨析，一是可以掌握和了解能够体现区域自身特色的、文脉信息散布于区域各个角落的主脉；二是可以整合能够成为旅游节事的载体资源。

② 主题要素设计。设计者在把握当地的节事旅游的开发条件的基础上，还要找出具有"特殊性"、"唯一性"、与众不同的特色旅游节事的主题。节事主题要素包括节事名称和节事活动主题。其中，节事名称来源于节事载体资源，是从地方文脉的主要脉络而提炼出来的，从而使得节事的名称具有"地方性"；此外，节事名称应有鲜明性，使游客一目了然知道自己所处于什么样的节事活动内。而节事活动的主题是按照节事主办的目的、意义定位而提炼出来的节事旅游产品所要表达的主题思想，是组织整个旅游节事活动的中心线索。

（2）节事活动的主体设计

① 节事活动的项目设计

节日庆典仪式活动包括开幕式、闭幕式与宗教仪式等。开幕式要使得游客可以感觉到浓烈的节日气氛，而闭幕式要起到让游客有一种恋恋不舍的感觉，从而提高重游率。宗教仪式应该保持一定的庄严和严肃感，让游客可以感觉到历史的变迁和文化的积淀。旅游活动是游客参与旅游节事的核心内容，是围绕旅游节事主体形成的系列旅游活动。在设计旅游节事活动的时候要注意的，一是要体现节事旅游活动独特的地方魅力和文化意境，满足游客的猎奇求异的心理；二是要围绕主体展开，提供观光、休闲、娱乐、体验等多种旅游功能为一体的旅游产品；三是要注重文化贸易活动的展开。"旅游搭台、经贸唱戏"已经成为现代旅游节事活动的一种重要的特征和目的，也是延伸旅游节事的影响和扩大旅游节事效益的重要途径。

② 节事氛围设计

从游客感知和心理需求的角度来讲，旅游节事作为一种旅游产品，除了传统的娱乐性和观赏性，还应具有强烈的节日感应和心理震撼力。所以，在旅游节事主体的设计中，营造气氛是非常重要的一个组成部分。而气氛的设计又包括"人—地"感知氛围设计和"人—人"感知氛围设计。

"人—地"感知氛围设计涉及旅游活动的组织和场景的设计与布置两方面。旅游活动组织在进行设计的时候要考虑兴奋要素、娱乐要素、炫耀要素等节庆活动的氛围特点。而场景的设计与布置范围既要涵盖节事依托的城镇与主体会场，又要包括第一印象区、光环效应区和最后印象区。节事主体会场应由专业美工精心设计，一般可以用灯笼、鲜花、盆景、音乐、色彩处理等来渲染、构造节事气氛；依托城镇一般以传统的彩车、花轿、歌舞、龙狮等活动以及现代的节目演出、篝火晚会等来烘托节事氛围；旗帜、节事徽章、标语等也是节事活动期间用来衬托视觉形象的常用手段。

在"人—人"感知气氛营造方面，"热闹"是游客最基本的要求。设计者要考虑如何聚集节事的"热闹"和"人气"，这就需要当地群众的积极参与。一般来说，文化旅游节的氛围应该通过各种各样的民间文化活动表演来烘托节事活动的气氛。一些文化节还可以营造一定的宗教氛围来体现地方特色；商业旅游节还应该营造一定的商业、信息传播的氛围；以美食、观光为主题的旅游节事氛围一般以欢乐祥和为基调。

③ 节事活动的时间和空间的设计

空间设计主要注意标志性节日活动的场所选择以及与其他旅游活动场所的呼应；另一方面，还应当通过节事活动带动旅游目的地其他地区的发展，如在周边设置分会场等。时间布局上，要注意节事活动的划分，并且整个节事活动的举办时间既要考虑旅游目的地的最佳游览时间又要考虑游客的心理需求特征和出行特征。

二、旅游营销推广的策划

旅游营销推广的策划是将旅游产品和市场营销推广结合起来，把市场营销运用到旅游产品的运营中去，以旅游产品本身作为核心资源和吸引物，对旅游市场进行分析，在此基础上细分该旅游产品的市场，并选择目标市场，运用适当的产品策略、定价策略、渠道策略和促销策略，以扩大旅游产品的影响力，吸引更多人参与到体验旅游产品中来，由此可以产生良好的经济效益、社会效益、生态效益和文化效益，达到最佳的营销推广效果。

旅游业内旅游产品繁多，但众多旅游产品也有其通性，一般来说，旅游营销推广可以从以下几个方面来展开设计和策划。

1. 产品开发策略

旅游产品作为一种特殊的产品是指在各种形态下旅游的过程中，能够给消费者（游客）带来满足和所有服务的总和。

旅游产品可以划分为三个层次：

第一，核心产品部分。旅游产品的核心是产品使用价值的主要载体。在旅游产品中，这个核心部分是指为旅游消费者提供的与旅游资源、旅游设施相结合的旅游服务。

第二，有形产品部分。旅游产品的有形产品是指出售时产品的具体形式，即产品的品质、商标、包装和外观等，体现在旅游产品上即为具体的产品质量、特色、风格、声誉、品牌、价格等。

第三，延伸产品部分。旅游产品的延伸部分是指为了增加旅游产品对消费者（旅游者）的吸引力而为他们提供的各种附加价值的综合，比如，送货、咨询、优惠等。

2. 产品定价策略

由于旅游产品价格相对于其他因素其灵活性更大，所以旅游产品的价格制定的合理与否，策略运用的得当与否，都直接关系到旅游企业和市场营销组合的科学性、合理性，进而影响到旅游企业市场营销的成功。

一般来说，旅游产品定价策略包括旅游产品的定价原理、定价方法等内容，旅游产品的价格制定要以产品服务的价值为基础。影响旅游产品的价格制定的因素有很多，如旅游产品的吸引力，旅游产品的品牌力、知名度等。如果价格定得过高就会缺乏充足的客源市场，但如果价格定得过低则很难体现产品的服务和价值。

3. 营销渠道策略

旅游产品的生产经营活动与旅游消费者的购买、使用过程往往受到很多因素的制约，在时间、空间上存在一定的差异。同时，在客源量和客源结构复杂的情况下，旅游企业除发挥自身的经营资源外，还必须运用旅游市场中的中介组织来形成与之行程较为稳定的营销利益共同体，促使其旅游产品在广阔的空间内为广大的游客所知晓、理解、认可和购买。

旅游产品从生产到在市面上进行交易的渠道叫作该旅游产品的渠道，分为直接销售和间接销售两种。直接销售是指旅游企业直接从事产品的销售业务，这样做的好处是减少了中间商的开支，弊端是可能缺乏或建立烦琐的票务系统的人才；间接销售是指旅游企业通过中间商、代理商到中介组织进行产品、服务的销售和管理。这样做的好处是可以开拓分销网络，弊端是增加成本。

4. 旅游促销策略

旅游促销是指旅游产品的经营者将节事旅游的产品和服务等方面的信息，通过各种渠道进行传播来吸引购买者或者潜在购买者，促使其了解、信赖并购买节事旅游的产品和服务，从而达到扩大销售的目的。

为了有效地与购买者之间进行信息沟通，旅游经营者可通过发布广告的形式传播有关旅游产品的信息、各种推广活动的有关信息，也可通过公共关系手段树立或改善自身旅游产品在公众心目中的印象，还可以通过派遣推销员面对面地说服潜在购买者。广告、营业推广、公共关系和人员推销四种因素的组合和综合运用就是促销组合。

三、项目建议书的编制规范

项目建议书是项目周期中的最初阶段，是对投资项目的初步选择阶段，它要对拟建设项目提出一个轮廓设想，主要从宏观上阐述项目建设的必要性、建设条件的可行性和获利的可能性，并做出项目的投资建设和初步设想，作为选择项目的初步决策依据和进行可行性研究的基础。因此，项目建议书是要求建设某一具体投资项目的建议性文件。项目建议书的设计要求有如下几个方面。

1. 项目概况

（1）项目名称、项目由来及背景。

（2）项目承办单位和项目投资者的有关情况。即生产经营内容、生产经营规模、产品销售情况、年上缴税额、自有资金数额、债权债务情况等。

（3）兴办外商投资项目要简述：

① 合营各方概况，即合营各方名称、法定地址、法定代表国籍及姓名、资金实力、技术力量等。

② 合营方式（注明合资、合作、独资）。

③ 合营年限。

④ 经营范围。

⑤产品销售方向（内销或出口比例）。

（4）简述项目建设的必要性和依据。技术引进项目，要简述技术引进内容（关键设备或技术专利）、拟引进技术设备水平及其国别和厂商。

（5）产品技术水平及市场销售前景。

2. 项目建设初步选址及建设条件

（1）项目建设拟选地址的地理位置、占地范围、占用土地类别（国有、集体所有）和数量、拟占土地的现状及现有使用者的基本情况。如果不指定建设地点，要提出对占地的基本要求。

（2）项目建设条件。简述能源供应条件、主要原材料供应条件、交通运输条件、市政公用设施配套条件及实现上述条件的初步设想。需进行地上建筑物拆迁的项目，要提出拆迁安置初步方案。

3. 项目建设规模、建设内容

（1）建设规模和建设内容。生产性项目要提出主要产品品种、生产工艺及生产能力；非生产项目要根据项目的不同性质说明其规模，如旅馆、宾馆项目要说明有多少客房、多少床位；房地产开发项目要说明拟建的建筑物类别及数量；成片开发建设的小区要说明小区的主要功能、建筑容积率等。

（2）建筑面积及主要单项工程的建筑面积。

4. 环境影响

一般民用建筑项目不写，非工业生产项目简写。

5. 投资估算及资金来源

（1）项目总投资额

技术引进的项目要说明进口技术设备使用外汇的金额、建设费用和购置国内设备所需人民币的金额；外商投资企业要说明总投资额、注册资本金额、合营各方投入注册资本的比例、出资方式及利润分配方式。

（2）资金来源

利用银行贷款的项目要将建设期间的贷款利息计入总投资内。利用外资项目要说明外汇平衡方式和外汇偿还办法。

6. 建设进度初步设想

7. 经济效益和社会效益的初步估算

8. 结论

9. 附件

建设项目拟选位置地形图（城近郊区比例尺为1∶2000；远郊区县比例尺为1∶10000）。标明项目建设占地范围和占地范围内及附近地区地上建筑物现状。

在自有地皮上建设，要附市规划部门对项目建设初步选址意见（规划要点或其他文件）。

国家限制发展的或按国家及市政府规定需要先由行业主管部门签署意见的项目，要附有关行业主管部门签署的审查意见。

此外，如是外商投资开发的项目要附以下材料：

（1）会计师事务所出具的外商资信证明材料。

（2）合营各方的营业执照（复印件）。

（3）合营各方签署的合营意向书（境内单位要有上级主管部门的意见）。

如是两个或两个以上境内单位合建的项目要附以下材料：

①合建各方签署的意向书（要有上级主管部门的意见）；②合建各方的营

业执照（复印件）；③其他附件材料。

四、可行性研究报告的编制规范

可行性研究报告是从事一种经济活动（投资）之前，双方要从经济、技术、生产、供销到社会各种环境、法律等因素进行具体调查、研究、分析，确定有利和不利的因素、项目的可行性，用来估计项目成功率的大小、经济效益和社会效果的程度，为决策者和主管机关的审批而准备的一种上报性文件。

1. 可行性研究报告的内容

可行性研究的内容一般应包括：

① 投资必要性。主要根据市场调查及预测的结果，以及有关的产业政策等因素，论证项目投资建设的必要性。

② 技术的可行性。主要从项目实施的技术角度，合理设计技术方案，并进行比选和评价。

③ 财务可行性。主要从项目及投资者的角度，设计合理财务方案，从企业理财的角度进行资本预算，评价项目的财务盈利能力，进行投资决策，并从融资主体（企业）的角度评价股东投资收益、现金流量计划及债务清偿能力。

④ 组织可行性。制订合理的项目实施进度计划、设计合理的组织机构、选择经验丰富的管理人员、建立良好的协作关系、制订合适的培训计划等，以保证项目顺利执行。

⑤ 经济可行性。主要是从资源配置的角度衡量项目的价值，评价项目在实现区域经济的发展目标、有效配置经济资源、增加供应、创造就业、改善环境、提高人民生活等方面的效益。

⑥ 社会可行性。主要分析项目对社会的影响，包括政治体制、方针政策、经济结构、法律道德、宗教民族、妇女儿童及社会稳定性等。

⑦ 风险因素及对策。主要是对项目的市场风险、技术风险、财务风险、组织风险、法律风险、经济及社会风险等因素进行评价，制定规避风险的对策，为项目全过程的风险管理提供依据。

2. 旅游产业可行性研究报告的内容要求

一般对于旅游产业中可行性研究报告的内容要求如下：

① 基本情况。中外合资经营企业名称、法定地址、宗旨、经营范围和规模；合营各方名称、注册国家、法定地址和法定代表人姓名、职务、国籍；企业总投资、注册资本股本额（自有资金额、合营各方出资比例、出资方式、股本交纳期限）；合营期限、合营方利润分配及亏损分担比例；项目建议书的审批文件；可行性研究报告的负责人名单；可行性研究报告的概况、结论、问题和建议。

② 产品生产安排及其依据。要说明国内外市场需求情况和市场预测的情况，以及国内外目前已有的和在建的生产装备能力。

③ 项目地址选择及其依据。

④ 生产组织安排（包括职工总数、构成、来源和经营管理）及其依据。

⑤ 建设方式、建设进度安排及其依据。

⑥ 资金筹措及其依据（包括厂房、设备入股计算的依据）。

⑦ 综合分析（包括经济、技术、财务和法律方面的分析）要采用动态法和风险法（或敏感度分析法）等方法分析项目效益和外汇收支等情况。

⑧ 必要的附件。如合营各方的营业执照副本、法定代表人证明书、合营各方的资产、经营情况资料、上级主管部门的意见等。

第五节　旅游微设计

旅游微设计即一个旅游项目的组成部分的专业化设计，从细微构件做起做专，使得景区的整体设计更人性化，更好考虑到游客的需求和需要。比如对景区大门的设计、对景区游线的设计、对标识系统的设计、对导游词的设计和布展的设计等都是微设计的范畴。

一、大门的设计

1. 大门的定位

首先，大门是景区的一个零配件，它不构成景区；其次，它是所有景区都有的，可以变成一个独立的设计单元；最后，大门往往是构成景区风格的重要部分。此外，景区大门也有其独特的工作意义。其一，它是景区的标志和门面。这就意味着大门存在着符号学的意义；其二，大门是景区的入口，而入口是有数量、等级和大小之分的；其三，大门具有景观意义。因为景区大门本身就是景区风景的一部分，它有可以为游客提供照相留念的功能；其四，大门具有管理意义。因为大门是景区的入口，而入口是必须被管理的；其五，大门具有旅游咨询服务的意义。因为大门的旁边一般都设有旅游咨询室或者游客中心，以便向游客提供景区内部的相关信息。其六，大门具有集散的意义。一般有规模的景区都会以大门为界限设计内广场和外广场，便于游客的集散活动。

2. 大门的设计依据

首先，要根据景区的规模、类型和服务对象来选择景区的大门造型，如迪士尼乐园的入口大门和杭州宋城景区的入口大门从风格、材料、设计等方面都是不一样的。其次，地形和环境对设计大门也有一定影响的。比如，环境的坡度、尺度、容量。再次，大门的建筑标准。大门设计的规格。如果一个景区的游客数量是不均匀分布的，游客的逗留时间一般为 2~4 小时，这个景区的游客高峰就分为三个时间段：一是景区开始营业的时间；二是 10：00~11：00；三是中饭以后，也就是说 13：00 左右。如果景区一天的高峰流量是 1 万人左右，那么就意味着第一次高峰就有约 3000 人，也就意味着在半小时内景区大门需要有数量近 3000 人次的游客通过，这也就是流量。流量会影响到景区大门的宽度设定，因为景区大门的宽度是和周转率、高峰时期的游客数量等因素相关的。最后，大门旁边的服务设施。如杭州宋城景区一年的游客量在 60 万人次左右，在这样大的游客量的情况下，设计大门的时候就需要慎重考虑，门口需要有多少位工作人员、工作人员的办公空间需要怎样安排等一系列相关的问题。此外，外广场的大小和大门的设计是有关联的，它们两者之间的容量是需要匹配的，这个匹配性也是根据游客的数量而测算。

设计大门时也要考虑对其周围商业形态的设计。如果一个大门（入口处）需要游客等待进入的时候，大门的旁边就要安排新的吸引和服务内容以来分散排队等候的游客的注意力，使其不觉得乏味无聊。如大门旁边的商店、导游图、景区简介等都可以成为转移游客注意力的吸引物。再如，在实际情况中，当游客们刚抵达景区大门的时候，导游通常会给大家一刻钟的自由活动时间，而在这段时间里面，大门旁边的辅助设施（如食品商店、纪念品店等）就起到了重要作用。

二、景区游线设计

在一个景区的旅游规划中，游线的设计是非常重要的一项内容。远见旅研在多年景区规划的实践过程中，对景区的游线设计的设计原理归纳为"四大法则"、"六项分析"和"七条落实措施"，简称"四六七原理"。

1. 四大法则

"四大法则"是景区游线设计中必须要遵循的原则或标准。

（1）自然法则

自然法则意味着游线是一种经验选择的道路，这种经验选择往往是依托自然、关注自然的一种选择。如沿溪边沟、分水岭等过渡边界都可能成为景区道路。所以，游线设计的首要法则就是要考虑景区自然要素的过渡和连接。

（2）景元法则

景区游线是对景区的各个景观元素的串联，所以要考虑到两个关键要素：什么是串景，什么是彰景。景区的游线要串联和彰显景区的景观元素，由此构架成景区的整个景观系统。景观要素的判定标准是主观的，因此，景观元素的选择应该符合大多数人的标准。

（3）行为法则

游客在游览过程中的行为特征是有一定规律的，比如游客在游览的 30 分钟、1 小时和 2 小时之后的心里感觉和行为特征都是有通用的规律和行为法则。时间与路程对游客心理的影响是非常大的，因此，在游线设计时必须要考虑到游客在一定时间内所走的路程，同时要对游线要素进行合理的设计，如台阶步距和高度是否符合人体工学的原理。

（4）工程法则

工程法则是一种技术性法则，包括技术可行性、经济性、景区容量三个模块的内容，游线的设计必须要在这三者之间寻找最优的一个方案。

2. 六项分析

"六项分析"是在游线设计过程中必须要进行的六个方面的调查和研究。

第一，场地分析。内容涉及出入口的位置、主游线的走向、串点数量（必到的景点数量）、景区的坡度和游线里程、景区的地质地貌条件、水文条件、气候条件等多项内容。

第二，景观视线分析。视线包括近景、中景和远景三种类型。近景是指50米以内的近距离景观，是游客本身融入的空间，在设计中游线必须进入这个空间；中景是指50~300米之间的景观；远景是大约在300米以外的开阔景观空间。视线分析要充分考虑到游览过程中的障景、隔景等内容。

第三，旅游服务分析。旅游服务设施对游客行为有着非常重要的影响，这些设施会对游客的旅游行为，如行、坐、站是短暂停留还是长时间停留都会有影响。因此，游线的设计要充分考虑到旅游服务设施对游览行为的影响。此外，旅游服务设施本身也有其一定的空间限定和工程可行性，比如，气候条件、地形条件和能源供给等条件的限制。因此，旅游服务设施的宜建性也决定了游线的走向。

第四，导览分析。在景区内，所有的景观元素不是等量齐观的，有的景观可以一带而过，而有的景观需要细细品味，这就必须要考虑到景区游客游兴的编程和游线设计的关系。要让游客恰到好处地观赏到景区的美景，但又不至于使游客行程过于快捷或过于拖拉。

第五，安全因素分析。安全因素是景区游线设计必须要做的一项前期分析，比如落石、横风、洪水等自然因素，动物侵害以及工程安全等因素，这些因素对游线的设计都会产生重要的影响。

第六，景区容量分析。景区的环境容量是一个限定性因素，在景区游线设计的过程中，必须要分析线状容量、面状容量、静态容量、动态容量和高峰容量，以此来确定游线的走向和里程。

3. 七条落实措施

"七条落实措施"是指在景区游线设计中，必须要涉及的七大设计内容，也是游线设计必须要解决的七大内容。

（1）游线的落实

在景区内，不同线路会有不同的游览感觉，要充分考虑到游线选择对游客游览质量的影响。

同时，景区景观的位置，旅游服务设施的布置，地形地貌条件等都会对游线的选择产生影响，这就需要我们在这些基础条件分析的基础上，选择最佳的线路走向。

（2）出入口节点的落实

出入口两个节点位置是景区游线系统内非常重要的组成部分。在游线设计中，需要对出入口的位置、设施、景观等进行细致地安排。

（3）桥索工程的设计

在很多游线设计中，桥索工程往往是非常重要的通道，同时也是景观节点，是游线设计的重要内容。桥索工程的设计也正是体现游线设计中专业、标准的例证之一。

（4）路面工程的设计

游线道路的路面材料是选择石、木、钢、玻璃、土石等都应进行明确。路面工程的安排应当要同游客的游览需求、工程的可行性和经济性以及路面和景观协调等多方面进行综合考虑。

（5）游线的配套工程的布置

游线系统设计并不只是简单的道路设计，还涉及道路栏杆系统、灯光系统、音响系统、能源系统、给排水系统五大配套系统，这些配套系统均应服从于游线的选择。

（6）游线标志系统的落实

景区的标志系统和游线系统相辅相成，是指引和提示游客如何更好地游览景区的附属设施，一般包括景区指示牌和公共图示系统等。

（7）景区游线投资的预算

投资预算是景区游线设计中最后一项内容，其内容是明确游线的工程量和投资金额。

总而言之，景区的游线系统是一个庞大而复杂的工程，远比人们想象中的复杂。依据远见旅研多年来的规划实战，"四六七原理"的提出旨在对游线的设计能投注更多的关注和研究，同时也提供一种较为成熟的借鉴标准。

三、标识系统设计

1. 标识系统的服务价值

标识系统即旅游导示系统，一般使用在风景区、博物馆等需要空间指导的地方。标识系统的工作价值，有人总结以下六点：其一，它是不说话的导游；其二，它是场景的官方旁白，也就是景区权威性的表白；其三，它是概念内涵的点题标志；其四，它是游客在景区中活动行为的导向；其五，它起到了索引的作用；其六，它向游人提供了方便。按照以上六个方面设计出来的标识系统，就不仅仅是关于语言和文字的叙述那么简单了。

2. 标识系统的设计依据

其一，要满足使用方对其"服务概念和个性定位"的要求。使用方包括委托方和游客。如作为业主的委托方对于标示系统的风格、材料和质地都是有初步的想法和考虑的，这就要求设计人员在设计的时候要尊重和考虑到委托方的要求，这也就是"服务概念和个性定位"的重要性在设计过程中的体现。所以，在做标识系统设计之前，设计人员应尽量和委托方沟通，要清楚委托方的要求。

其二，要深入分析景区、景点的环境条件。对于旅游而言，标识系统最终会运用到景区、景点这些环境当中去，而景区和景点又分为室内和室外两种情况。要注意的是，标识系统的材料运用是要根据室内外的环境改变而变化的。如室外就要尽可能运用石头、铝合金等耐磨、持久性长的材料。此外，标识系统的风格还要根据不同景区、景点的风格有所变化。

其三，要符合国家标准的图文信息符号系统。有些标识系统除了需要文字表达外，还需要有国家强制性要求的图文或符号，如标识着楼梯、卫生间、紧急通道等的图文或符号。景区的标识系统运用图文兼具的表达方式，可以使得国外友人懂得它所表达的意义。但有时图片不能具体详尽的表达全部的内容，这时候我们就又需要文字的辅助，如4A级旅游景区国家规定文字要用四种语言来表达。

其四，要使用方便的导视系统分类原理及表达方式。标识系统是有等级的系统，就如同做文章一样，标识系统的大标题和子标题在字体上要清晰，在内容上要符合逻辑。

其五，要明确清晰地标示景区中的游线及景点的分布状况。

3. 旅游风景区标识系统的特性

首先，内涵本体性。标识系统是设计内涵的组成部分。例如，在长城可以看到石头上刻着"不到长城非好汉"，这些文字是构成标识系统的一个组成部分，同时也是设计内涵本体的一个组成部分。其次，服务关怀性。"小心路滑"、"小心山体滑坡"等标语都体现了景区的服务关怀性。再次是艺术美观性。另外，还需要具有环保耐用的特性。选择合适的标识系统的材料是一门学问。很多景区用木头、石头、竹子等作为标识系统的材料。其优点是取材容易、美观好看，但缺点是木头、竹子等材料容易腐烂、损坏，并且有时需要砍伐树木或竹子获取材料，而石头，则显见坚固之特点。最近，业界人士提倡用铝合金做标识系统的材料，其优点是不易锈化、轻薄、表面可以做很多纹理等处理，而其缺点是成本较高。最后，唯一性，指的是整个景区的标识系统是一个系统。

4. 工程材料

标识系统的设计和工程是要一体化的，而不同的工程材料就会影响设计人员的设计思路。标识系统的工程材料包括：刻石和烙木、喷漆和喷绘、热传印等材料。

在我国文化里，石头有一定的景观作用，但是如果用石头作为标识系统，在每个石头上刻出字来实属不易。虽然如今已经是机械化的年代，人工雕刻已经逐渐被机器雕刻所取代，但是在搬置石头的过程中也会浪费掉一定的人力和物力。如石头过于大，一般会采取就地雕刻的方式，这时，雕刻就变成一件艺术品的创作。

烙木是用烫字的方式把文字镶嵌在木制材料里面。

喷绘和喷漆是如今比较常见的一种形式，以前用的介质是木头，由于耐久性的缘故，现在的介质大多是使用铝板、钢板或者玻璃板。

杭州的京杭大运河两边的标识系统就是用的热传印材料，直接在仿木的金属体上面用印刷的方式印上去。这样，无论任何字体的形式和绘画的色彩都可以直接印刷上去，省去了雕刻的复杂过程。

5. 国家标准公共信息图形符号介绍

要想对标识系统进行合理化的设计，还要了解相关的文件对公共信息图形符号的要求。一是要了解《标准公共信息图形符号》，它分为通用符号和旅游设施与休闲场所服务符号两个方面的内容；二是国家旅游局出台的《旅游咨询中心设施与服务规范》；三是设计协会出版的《公共信息导向系统要素的设计原则与要求》；四是翻译协会编写的《公共场所双语标识英文译法》，它涉及对景点名称、称呼的音译和意义的问题、对某些景点内设施的规范化翻译的问题等。

景区的标识系统还被称为导示系统、导识系统、导视系统。因为标识系统还涵盖有通过声音、多媒体等形式向游人传播信息的方式。可以在旅游景区的每个景点内安装一个发射器，这样发射器和游客们随身携带的自动导游装置就会形成信号发射网络，游客们就可以通过人工智能的方式来了解整个景区的景点信息。导视系统是通过多媒体的科技化手段来提供导游的功能。

四、导游词设计

导游词是讲解词，它是导游根据不同的景点和旅游者进行的构思与创造，是导游同游客思想交流，向游客传播文化知识的渠道，也是吸引游客的重要手段。其内容需要既体现景点的知识的客观性，又体现出导游讲解的创造性。

1. 导游词的组成

（1）整体介绍：指的使用概括的方法介绍景点，帮助游客对景点情况有个大致的了解以及引起游客游览的兴趣。

（2）重点介绍：介绍游览线上的重点景观，这也是导游词最重要的组成部分。导游词设计人员在编写导游词时要从旅游者的旅游动机、文化层次、年龄层次等各种因素出发，考虑到不同人群的不同兴趣和需求。

（3）习惯用语：如游览前的欢迎、结束之后的感谢词等。

2. 导游词的设计要求

（1）准确

导游词的内容要准确，要反映客观实际情况，要令人信服，特别是进行科普导游时导游词必须符合科学实情。

（2）鲜明

导游词设计人员可以用排比、对比、反复等手法来使得内容更加鲜明突出，从而引起游客的关注。

（3）具体

采用的数据越具体越好，一些细节描述的越传神越好。但是要注意，只能对重点内容进行具体描述，其他次要的内容要讲得精练，这样才可以达到主次分明的效果。进行具体描述时可以引用趣味盎然的民间传说故事来吸引游客，使游客对景点印象深刻，但要做到传奇而不传谣。

（4）生动

通过多种修辞方式（如比拟、排比等）、丰富的词汇变化、生动的传说及民间故事或者是幽默风趣的语言使得导游词生动形象，让游客印象深刻。但要注意的是幽默要把持好尺度，要做到幽默而不油滑。

3. 导游词创作的具体技巧

导游词创作技巧具体可以概括成：正确明确的主题思想＋景区深刻的内涵＋景区的相关知识＋优美风趣幽默的语言。具体来说有以下几个方面：

（1）景点主题要正确、明确

导游词必须要有明确的主题，要有一个明确的主线来贯穿于整篇导游词之中，这样才会给游客留下鲜明的印象，使他们能从旅游中获取知识，得到满足感。所以设计导游词的第一步就是要明确所表达的主题，然后根据主题去收集资料。由于每个景区都有其代表性的景观，所以导游词的设计必须要在照顾全局的情况下突出重点，这样有一个明确的主线才能够牢牢抓住游客的心。导游词对涉及人物或事件的态度和观点也要正确、明确，要树立正确的是非观念。

（2）以人为本

导游词的设计要从游客出发、以游客为本。导游词的侧重点要根据不同年龄、社会地位、性格的游客而进行变动，切忌用千篇一律的导游词去服务千差万别的游客。

（3）内容要新颖有特色

导游词的内容不能仅仅是一般性的介绍，还要注重更深层次的内容，如在导游词中可以添加有关诗词的点缀、名家点评等。导游词要不断推陈出新，要具有时代的气息。所选的主题要有新内容、新见解、新材料、新角度。

（4）语言通俗易懂

书面导游词是为现场口语导游而准备的，所以要避免使用一些晦涩难懂的句子、书面的词汇以及音节拗口的词汇。要多用短句，多一些自然的喜闻乐见的常用口语，尽量使语言大众化，这样游客听起来才会感觉到轻松愉悦。

具体导游词的类型又分为欢迎词、欢送词、沿途导游词以及景点、景区导游词。此节主要讲述针对景区景点导游词的设计。

景区景点导游词是介绍、讲解自然景观与人文景观，使旅游者获得知识、得到满足的一种导游词。其结构一般包括问候语、开头、主体、结尾四部分内容。

① 问候语。如"各位朋友大家好"、"各位贵宾"、"你们好"等。问候语的运用可以使得导游员与旅游者面对面交流时感到亲切。

② 开头。开头部分一般包括景区的概况介绍、游览注意事项等。随着近几年探险旅游和野营的增多，导游词的开头语还要涉及行程中所需要遵守的规章制度，以及明确如违反规章制度所需承担的后果等内容。

③ 主体。主体设计是导游词设计的核心部分，一般是简单按照景观的自然结构来进行介绍的，也可以按照游览的先后顺序对具体景点和所展示的文物古迹进行介绍。每涉及一个景点的时候，要注意明确主题，这样才能使得景点介绍有条理可循。此外，导游词的设计要首尾完整、条理清楚、前后贯通、善于取舍、有重点。

④ 结尾。结尾应当配合全篇内容与开篇呼应，并要简洁凝练，且留有一定余地，让游客回味深长。

导游词设计的质量高低不仅体现出导游服务水平的高低，而且影响到对一个地区旅游资源的质量和开发程度的评价，对一个地区旅游形象的树立至关重要。导游词的设计和创作是一个难点，需要设计者有一定的文字功底，还要有渊博的知识和创造性。

五、布展设计

布展设计旨在研究展示主题和内容方案以及展示特定空间的基础上，塑造出能鲜明、准确地表达或烘托主题思想和内容的艺术空间和环境空间的工作。

随着城市规划发展的进程，展览馆、博物馆等各种场馆应运而生，各地政府也越来越重视这种展示城市形象、促进招商引资、搭建教育平台的展览馆的布展设计工作。

1. 布展设计的原则

（1）整体协调性

展馆布展形式与展示内容要协调一致，主题突出、重点展项鲜明。同一展厅内不同展馆的风格不强求一致，但相邻展馆过渡自然和谐。布展的色彩和灯光的运用，既充分体现展项的内涵，激发公众对展项的浓厚兴趣和良好情绪，又能给公众创造一个良好的观赏、学习的环境。

（2）布局合理性

在符合建筑设计要求前提下，尽量利用建筑的空间进行布局。在整体布局、结构空间上要处理好展馆、展项、展项个体的关系，做到疏密有序、主次分明。参观路线要清晰，动静结合，高低潮分布合理。力求体现共性中有变化、变化中求统一的特点。

（3）科学性和艺术性

利用现代各种展示技术，实现功能与目的的统一、内容与形式的统一。展示格调高雅、造型优美、设计符合人性化，在展览特征的同时，也要追求一定的艺术美感。

（4）创意性和特色性

在设计展示风格时既要考虑展项的内容和展示方式，也要考虑参观的主体。

设计中还要力求体现地方特色和主题特色，不拘一格，形成自身独特的展示风格，不随意模仿。

（5）安全性和可靠性

布展设计要充分考虑参观人流的疏密程度，还要考虑展项的安全性和可靠性。AV 和灯光系统的建设，直接影响展项的展示形象和使用效果，因此设计方案应充分考虑采用成熟的技术和产品，在设备选型和系统设计中尽量减少故障的发生。

（6）先进性和延伸性

设计方案应充分考虑今后的发展需要，以方便展项的日后更新和维护。在注意工艺可行和经济合理前提下，充分运用现代科技成果，包括新型的材料、结构构成和施工工艺，以及处理好通风、采暖、温湿调节、通信、消防、隔噪、视听等要素；预埋必要的管线并为管线预留适当的空间，以及尽可能预留各种接口，以使系统在尽可能长的时间与社会发展相适应。

2. 布展设计的主要设计内容

布展设计应以业主提供的展示设计方案为前提来进行设计，其设计内容有以下几个方面：

（1）平面、立面、结构类设计制作施工

① 基础设计、制作。

② 隔墙、封闭小屋设计、装饰、制作。

③ 剧场设计、装饰、制作。

④ 地面设计、装饰、制作。其中导览系统部分，分为指引系统（导游引导类）和标志系统（展馆或展项的标志）。

⑤ 顶面设计、装饰、制作。

（2）展品展项安装设计

① 展品展项基础设计、制作。

② 展品展项配合安装，即配合展项基础的安装。

③ 展品展项配套设备配合安装，即配合展项配套设备，如投影仪、显示器等的安装。

④ 图文板平面形式设计、制作、安装（展项设计提供资料）。

（3）展台、背景类

① 展台、展板设计、制作并装饰施工。

② 背景、造型等设计、制作并装饰施工。

（4）布管（线）类

① 从控制室到展项电源布管、布线设计并布管、布线施工（展项设计提供资料）。

② 从控制室到展项控制点和控制信号布管、布线设计，并对布管、布线进行施工（展项设计提供资料）。

③ 展项操作和控制需要的布管、布线设计并对布管、布线进行施工。

④ 从控制室到网点的网络布管、布线设计并对布管、布线进行施工。

⑤ 展厅内各类其他电源、信号、控制、网络线的布线设计。

⑥ 展厅内各类槽式桥架的设计、制作、安装。

⑦ 从展厅水源到展项用水点，布管设计并安装施工（展项设计提供资料）。

⑧ 从展厅气源到展项用气点，布管设计并安装施工（展项设计提供资料）。

⑨ AV 布管、布线施工（AV 设计提供资料）。

⑩ 灯光布管、布线施工（灯光设计提供资料）。

（5）灯光系统设计

① 展馆内环境照明设计、灯具选型、安装。

② 展项效果灯光设计、灯具选型、安装。

③ 灯光布线设计。

④ 灯光控制室内设备安装、调试。

⑤ 为展项内部功能灯的设计提供咨询服务。

⑥ 展馆总体灯光效果的协调。

（6）AV 系统设计

① 提供 AV 系统总体控制管理的设计方案（包括但不限于 AV 系统运行的网络、系统控制管理方式、AV 系统与展项的连接功能实现方法、展区公共广播等内容）。

② 提出展项 AV 部分设计的协调建议。

③ AV 控制室至展项的布线设计。

④ 对展馆总体音效效果的分析及为达到本效果的协调。

⑤ 对展项 AV 设备安装时与 AV 系统实现连接的实施配合。

⑥ 对展项单独调试、联合调试的配合。

⑦ AV 控制室内设备的安装、调试。

3. 布展设计的整体环境要求

（1）展示主题内容的协调性

对相邻展馆的布展设计要考虑各展示主题内容的协调性。

（2）空间的独立性

布展应按区域、空间划分布置，同一展项布置区域空间不宜跨越另一展项区域空间。

（3）参观路线的合理性

以该展馆展示主题的展示设计平面布置和故事线为依据进行合理的参观线路设计。

4. 布展设计的基础要求

（1）明确展项的展览位置

展项位置确定应以展示设计方案为依据，并在展项深化设计单位的多次交流中做必要的调整。

（2）确定展项的基本数据

确定每个展项的坐标位置和基础标高，以及与周围展项或设施的距离等数据。

（3）标明展项的供辅设施的基本内容

展项的供辅设施含水、电、声、光、气等接口，要注明管、线的型号、规格、连接方式、位置尺寸以及消耗量。

（4）标明展项的安装方式

展项的安装基础设计，要标明展项的安装方式以及地脚螺栓的分布、数量、大小等数据。

（5）必要时，邀请业主单位进行审核确认

对大型、动载荷、偏载荷等展项要另外设计安装基础底座，底座与地面固定方式必须由展项的业主进行审核确认。

另外，布展设计对导览标志设计、综合布线设计、灯光设计、AV 设计等细节都有相应的要求，如灯光设计要符合展馆功能和保护人们视力健康的要求，展馆内的视觉环境应根据区域的功能、视觉的要求和环境的气氛进行设计。人工照明应遵循既能向观众提供良好的视觉环境、创造合适气氛，又能使光学辐射对特殊收藏类展项的损害减到最低限度的原则，达到视觉好、照度适当、系统安全可靠、经济适用、节能以及便于更换和维护的目的。做到节约能源、技术先进、经济合理、使用安全和维护方便。又如，展馆的扩声系统设计要求为扩散性良好、声场分布均匀、响度合适、自然度好，要求有低的背景噪声：NR30～35，并应具有均匀合理的声压级：音乐扩声应达到 80～85dB 平均声压级；语言扩声为 70～75dB 平均声压级；背景音乐则为 60～70dB 平均声压级；且不均匀度应控制在 ±4dB 之内，要求电扩声系统应具备足够的输出功率和声增益，室内声场均匀扩散。

第六章 旅游设计的基础方法

第一节 场地分析

在各类设计项目中，场地的特点一般都有着较大的差异，分析的结果也不尽相同。这些差异多源于场地位置、空间形态等的不同。

1. 场地的组成要素

场地分析首先是对地块的自然条件和环境进行分析；其次是对场地范围内的物体，包括建筑物、土壤、植被、设施等进行分析；最后是对交通的通达性、政策等隐性因素进行考量。对于旅游设计的场地分析可概括为十大要素。

（1）范围和尺度的分析

每块场地都有边界，边界"框"起来的区域就是场地的范围。尺度，在设计中对应五种类型，分别是微设计、小尺度设计、中尺度设计、大尺度设计以及发展规划。虽然这些概念都具有抽象性，但在工作进行中，每个人要尽量培养对抽象事物的直觉感，并可以将抽象的尺度和实际的大小"对号入座"。一个有经验的工作人员，到目标的地界上去考察时，是可以粗略地估算出土地的面积大小的，这便是把抽象的范围转化成了具体的尺度。

设计人员必须在场地分析中慢慢建设对数字的感觉，要清楚地了解规划场地的大小，对其后期的设计方案的意义。0.01 平方千米就是 0.1 千米乘 0.1 千米，也就是 100 米乘 100 米，即 10000 平方米，那么 0.01 平方千米就是 1 万平方米，也就是 1 公顷，等于 15 亩。这样，熟悉各单位之间的换算比例并选择自己熟悉的面积单位对场地进行估量，场地分析的第一步就完成了。

另外，尺度的不同直接导致规划设计的手法的变化。比如，大于 100 平方千米的场地内，所有的物体的分布情况只能用地图的形式来展示。因为，按比例尺缩小之后，建筑已经无法进行面状的标注了。而 1 平方千米以下时，则土地利用的多类功能就可以精准地上图表达。

（2）基础地质、地貌形态、地下赋存的分析

几百万年来形成的一个地方的基础地质，直接关系到该地区的宜建程度以及桩基工程的投资。

地貌形态是指目标地块几十年甚至几百年来形成的起起伏伏的形态，如高山、平原、丘陵、湖泊等。在规划中最大限度地运用当地的特色资源就意味着借用天然的手，为社会、为客户节约资金。

地下赋存是在特殊状况发生的，如某一地区地下所蕴藏的煤矿资源。在我国的淮北地区，有些地方已经成了采空区，其地表只能建公园绿地而不能建永久设施；在中原地带，很可能在挖地基的时候遇到地下文物的情况。在这一背景下，我们有两种选择：一是停工，二是运用地下的文化来设计地下文化遗址旅游。

（3）动植物和景观的分析

每株植物都有其适生范围，就像热带的植物不能在寒带种植，寒带的植物也不一定能在热带生存一样，这个范围其实就是由温度、湿度形成的一个生存环境。在场地分析时，规划方应该注意规划范围中有哪些种类的花草树木，考虑可以导入哪些植物，从乔木到灌木再到草被又需要怎样的安排等各类问题。如果在场地考察中该地区地表因干旱或没有表土层而没有植被，那么设计人员便要联想：当堆土、浇水之后，该场地地表植物生长会有何种改变？

动物可以自由活动，所以它们的分布范围比较广。但同植物一样，一般的热带的动物是不能在寒带生存的。对于规划地块而言，这类动物是比较难以管理，甚至是无法管理的。例如，在南方一些具有优美风景的度假村和风景区中，人们不敢逗留太久，原因是夏天蚊子太多。在旅游设计中，有个失败的案

例——"草原印象"。这个案例失败的关键就在于无法控制的因素上——蝗虫。草原上的灯光一亮，就会引来众多的蝗虫。所以在设计夜间项目时，灯光能引来具有趋光性动物的这一特点需要着重考虑。还比如，在黑龙江做旅游项目时，需在森林里建个小木屋，这时就要考虑是否会有黑熊、狼群等野兽袭击这些木制建筑，而在南方，我们需要考虑的主要是蛇等动物。所以，是否有动物出没，和有什么样的动物出没在场地，也是考察中值得注意的因素。

景观首先代表的便是眼睛所看见的风景和人们的直接观感。景观的部分内容不涉及场地，但可以为规划场地提升价值。例如，某个场地的妙处就在于是看日出的最佳位置，某个度假区的亮点就在于可以看见海景。日出和海景属于景观的范畴却不在场地的范围内，借景设计则为场地增色不少。

（4）气候带和小气候的分析

气候带属于大的气候地带，而小气候就是指该场地的气候环境。气候带与小气候在每个场地内的表现是有所不同的，需要设计人员做针对性的分析。

首先，需要了解规划城市的经纬度、四季等温线形势，以及每个月的平均温度和极端温度等信息。对人类活动而言，10℃~28℃是人体感觉最舒适的温度，所以需要计算出当地温度在10℃~28℃之间的天数，这就意味着户外活动适宜性的天数。例如，云南不同于一般南方地区，具有较高的户外活动适宜天数。另外，10℃~28℃这个温度区间同样适合动物和植物的生长发育。10℃以上植物才会开始生长，10℃以下植物生长就停滞。当户外温度达到28℃以上并伴有太阳光直射到水面的情况下，水体的温度是适宜人们进行戏水活动的。所以，常提及的欢乐水世界、室外游泳场等凡是要依赖天然水温的项目，都需要在室外温度28℃以上且水体经太阳直射的情况下才可以运营。也就是说，一个地区，一年中能达到这个条件的天数是多少，就意味着该地区的水乐园项目在一年之中自然水温下的营业天数。这也是北方害怕做戏水项目的原因。

其次，气候带除了南北问题外，我们还要注意一个问题就是距离海洋的远近，也就是说在进行场地分析的时候，要判断一个城市是海洋性气候还是大陆性气候。海洋性气候的特点是比较温润，而大陆性气候的特点是比较干燥。所以，温润区设计人员在进行场地分析时要注意如何防潮，如何利用太阳的辐射，甚至要考虑到建筑用材的不同以及房屋的朝向等问题。而干燥区则须有对付干燥的方法。

另外，几平方千米地形会形成自己的小气候。在某一特定的地区中因地形、地貌的缘故而使得该地区的气候发生小范围明显变异，造成该地区与其他同纬度地区的气候有明显的差异，此种差异性的气候便称为该地区的小气候。一个湖泊或者一个小丘都是可以形成一个地区的小气候。一个暖湿气流通过一个山的迎风坡，受制这个地区的地形，气流升高、温度下降，空气里面的水蒸气饱和而形成降雨，这叫作迎风雨。相反，气流下降，温度升高，此地域就会相当的干燥，容易引起火灾。在一些较高的山岭上这类情形表现得十分充分。如果一个地区常年有这样的地形风，这个地区就会常年存在着迎风坡和背风坡。两个坡面的植被就会出现明显的区别，几万年下来地形也就会发生很大的变化。常下雨的地方会谷长沟深，形成河流的起源，比如整个秦岭的南坡。所以在有南北坡的地块上，小气候对地块的规划设计影响是非常大的。

再次，水体对气候的影响。水在白天的时候温度会比旁边的土壤温度要低，因为土壤的比热比水大，所以在太阳辐射下温度上升的比水要快；到了晚上，由于水的比热小，土壤的温度也降得比水要快。因此，有水的地方就会冬暖夏凉。在晴天的时候，有土壤的部分就会比有水体的部分温度高，导致气流上升。当在水库、湖泊等旁边站立的时候，都会感觉有凉风的存在。其原因就是因为有温度差的存在，继而产生了空气的压力差，形成了地形风。这种现象，如果在规划设计中考虑进去的话，就会形成可利用的小气候。如要在场地里面建造一个湖，那么到底将湖建造在南面还是北面是有很多讲究的：一是要考虑水的来源问题；二是要考虑小气候的问题；三是视觉景观效果的问题。

最后，在设计房屋和使用上要考虑灾害性天气，包括突然性的暴雨、冰雹等情况。

（5）人类活动关联的历史情感

人类活动关联的历史情感，具体包括形成历史及发展（形成、演变、发展）、发生过的情感事迹（事件、人物、故事、传说）、文化遗产与非物质文化遗产（景区及遗址的名称、类型、等级、分布，包括地下待挖掘的文物古迹），以及区域民族民俗关联（传统节日、重大节庆）。比如说，该地方发生过三国演义的故事，或者史上著名的战争，历史存在有之，就有情感上的关联，有些地方的情感关联是让人无法释怀的，在佛学上叫作"念力"，这"念力"正是在场地分析时要尤其要注意的。因为"念力"会对人们行为心理造成影响。

（6）地上的聚落

聚落不外乎以村庄和城市这两种形态为主。城市和村镇都是人们的生活群落，凡有聚落的地块，场地考察是非常重要的。从旅游度假角度看，当地居民也是旅游资源，所以，规划设计方要保护当地聚落的生活方式。

（7）社会、经济、交通的区位

在经济地理学科里有门学科叫"区位论"，现在房地产开发的时候也常有一句话，"第一是区位，第二还是区位，第三还是区位"。可见不同的场地因为其位置的不同，人们对它的评价就会有很大的区别。逻辑上，位置是根据某个固定的坐标而产生。

土地的区位不同价值也就不同，投资商就会有很多的不同想法。比如，区位条件比较差，投资商只会先开发一期，等几年后，高速路通车了，周围的环境也变好了，地价、房价也就随之升高，等待几年的成本随着地价、房价的上升而补偿回来。再如，在杭州市中心建楼房，建造的速度是很快，因为如果开发商建得越慢成本就越高，建得快、一步到位，才能收益增高。所以，在规划中提出的"分期规划"是和具体的情况相关联的，不是简单的就能规定3年或者5年完成一个项目，而是根据项目的经济周期。

社会区位，我们可以理解成为人口、政治、行政区化的概念。

道路对场地而言是社会外力，很多时候开发商是无法自己修高速公路的，所以位置的方便与否，对于地块的运用会发生天壤之别。

（8）远亲近邻

任何一个场地都有它的远亲近邻，平时说得比较多的是近邻，也就是这块场地的周边。在做场地规划时需要研究该场地的四邻，如果忽略此项，就会对场地带来不利影响。

远亲，看似和场地不相关，但其实是会对场地的规划设计也造成很大影响。例如，同一个投资商，同时拥有浙江的湖州和江苏的扬州两块地，这两块地就是所谓的远亲，在场地分析上看似没有关联，但当做项目时，就会发现执行人员都是同一批人。

（9）上位规划

上位规划是人类的社会决策管理体系带来的，任何场地都有，是不可忽略的。所以在研究任何场地时，都要研究与之相关联的上位规划。远亲近邻带有相互的协作性，而上位规划则带有管制性。

（10）场地结构

场地结构是场地分析的第十大要素，因为场地结构是分析者对于场地的一种纯粹性主观思考。任何一个看似无序的空间，都会有很多无形的习惯来构成一个空间的有序方向，所以很多社会原因可以解释游客流的"倾向"。这个倾向在客观上是相对存在的，也就构成了场地的原始入口。确定了入口之后，就要确定场地的轴线。轴线可以是河流、交通线、村镇的切面，也可能是一种文化现象。任何事物都是由点、轴线、面而发展的，然后由面来构成不同的功能区块成复合物体。场地分析走到这一步之后，就十分圆满了。

2. 基于 GIS 的场地分析

目前常规的场地分析的工作框架为：编写提纲—拟订计划—实施调查—分析整理。主要可分为"外业"与"内业"两大部分："外业"获取场地现状资料，例如，场地范围、规划要求、场地周边环境、当地气象、地形地貌、土壤水文、植被类型、场地建设现状、场地内外交通运输、市政设施等；"内业"针对实施调查过程中收集的各类资料和发现的问题加以系统分析整理和归纳，研究分析场地设计的决定性因素，从而提出解决对策。上述分析过程完全是基于设计者个人或群体完成，其分析成果的优劣很大程度上取决于设计者的专业经验及技能，带有很大的主观性，且处理数据效率低，不具备动态实时修正功能。

GIS 是对空间数据进行输入、存储、检索运算、分析、建模、显示、输出的计算机系统，是集空间科学、遥感测绘学、现代地理学、信息科学、计算机科学、环境科学和管理科学为一体的新型边缘学科，并迅速融合上述各学科及其各类应用对象成为一种综合性技术。基于 GIS 的场地分析使"内业"与"外业"的工作发生了革命性的改变，真正使场地分析从定性的经验性的分析飞跃到科学的定量分析，从而让设计师从繁杂的设计前期准备中解放出来，集中精力去分析影响设计思路的关键场地信息。设计师可以结合 GIS 的分析结果，并结合自己的实践经验总结出更为合理的场地分析结果。

通过"外业"收集来的大量信息，数据文件以不同的属性分不同的字段与图形文件分栅格和矢量文件输入特定的地理信息系统软件中，再根据要分析的内容编制简单或复杂的数学模型，或者直接就可以应用某些商业地理信息系统软件的多种辅助分析插件模型进行场地分析，凭借计算机及时准确的海量信息分析能力，能够迅速得出令人信服的分析结果，并以图形图像的形式方便快捷地输出结果，使"内业"的整个过程化繁为简，并能显著提高分析的科学性和准确性。

此外，目前常见的商业地理信息系统软件可以很好地与遥感和全球定位系统兼容，也就是可以省去很多繁杂且准确率不高的"外业"的野外调查的艰辛工作。通过对遥感图像的分析，借助常见的遥感图像分析软件，可以从卫星图片或航空图片上分析需要的现场资料，如同人的眼睛时刻从太空注视着你所设计的这片场地，而且是随时观察相临场地上和整个规划区域发生的可能影响设计师思想的细微变化。

GIS 在一些场地分析中的应用：

（1）土地适宜性分析

对土地适宜性的分析是订制一个区域的合理开发的前提，GIS 为场地的土地适宜性分析提供了科学、方便、逼真的定量分析平台。土地适宜性分析是场地分析中十分流行的一种理论及方法，其核心是对自然、政治、经济、文化等要素进行定量的分析，从而在了解当地情况、现有政策、经济现状、环境科学及在适宜的开发实践的基础上，对土地适于不同开发利用的能力做出相关评价。GIS 对土地适宜性分析的核心技术是将不同分析主题图层叠加分析。

（2）坡度和坡向分析

地形地势分析是场地分析中的一项重要的工作，地形条件对规划布局、平面结构和空间布置有显著的影响。利用 GIS 软件绘制带有三维透视图的地形分析图，使地形的分析变得更容易。用高程图或者直接下载场地 DEM 数据，利用 GIS 软件分析。

（3）水文分析

基于 DEM 的地表水文分析的主要内容是利用水文分析工具提取地表水流径流模型的水流方向、汇流累积量、水流长度、河流网络（包括河流网络的分级等）以及对研究区的流域进行分割等。通过对这些基本水文因子的提取和基本水文分析，可以在 DEM 表面上再现水流的流动过程，最终完成水文分析过程。

（4）地形可视性分析

地形可视性分析（通视分析）（Visibility Analysis）是地形分析的重要组成部分，也是场地分析中不可或缺的内容。很多与地形有关的问题都涉及地形可视性分析。地形可视性分析包括视域分析（可视域/可视区分析）（Viewshed Analysis）和视线分析（Line of Sight Analysis）。视域分析指的是一个面，视线分析是指一条线。

第二节　开发模式

1. 单一经营模式的普遍性

一般而言，就景区来说，单一经营模式是普遍的。单一景区、单一观光、单一市场、单一主题、单一门票，基本上就是这种情况。尤其是最近十年来，这种模式不断转换，产品内容在不断地丰富，形象也在变化，品牌也在提升，已经不仅仅是一个单一的模式。比如黄山，这是一个典型的观光性产品，现在首先利用冬季做文章，专门打造了一个"冬韵黄山"的牌子，紧接着就是"春意徽州"，将山上和山下相结合，这就是一种扩大。实际上我们很多单一的观光型的景区都在调整。

2. 景区开发的商业模式：卖什么？

现在一般而言，景区开发的商业模式主要是卖门票，这仍然是长期的主体收入，进一步要形成八个卖：一是卖手续，但却是最不可取的做法；二是卖理念，载体是规划；三是卖门票，仍然是长期主体收入；四是卖名气，其根本是创品牌；五是卖土地，其本质上是卖升值空间；六是卖项目，是卖市场升值后形成的溢价区间；七是卖综合，形成产业链条；八是卖股份，形成多方资本运作。在这八个卖中，除了卖手续，如果都做下来，就要把商业模式设计到位。比如卖项目，有些景区很大，里面有一些子项，不见得要自己经营，到一定程度可以把它卖出去，这就是卖市场升值以后形成的溢价区间。

3. 旅游景区常见的七种商业模式

（1）门票商业模式

这种商业模式就是简单的门票经济，利用天然的资源进行简单地改造，同时修一个大门收取参观费用。这是目前国内观光型景区的主流模式，这种模式是否成功依赖于其旅游资源的品位。这种模式投资小，但如果资源品位不高，也难以形成有效的资金循环。当然，如何抓住卖点进行营销推广也很重要。贵州的黄果树瀑布就是这种模式的典型。

（2）旅游综合收益商业模式

这种模式摆脱了单一的门票经济，而是强调餐饮、购物和住宿等多种收益形式。单一的门票经济难以适应现阶段发现的需求，收益也非常有限。一般情况下，一个景区的门票占到总收入的40%是合理，如完全依赖门票经济是难以获得可持续发展。比如四川的九寨沟运作很成功，除了门票外，还有酒店、餐饮和购物等多种收益。

（3）产业联动商业模式

这种模式就是以旅游作为平台，利用旅游这个平台资源开发相关的产业，从而获得比较大的收益。典型的农业旅游，除了获得旅游收益外，还有农业和农业加工的收益。内蒙古的牧业旅游也是比较典型的，投资商不仅发展旅游，还发展奶牛养殖业，形成互动，获得综合收益。

（4）旅游地产商业模式

这种商业模式实际上是产业联动的一种，只不过这种模式在国内运作已经比较成熟，因此单独说明。这种模式是投资商在开发旅游的同时要求政府给予一定的土地作补偿（价格一般是各种办证的费用），旅游和地产同时开发，通过地产的收益来弥补旅游的投资。

（5）旅游资源整合的商业模式

这种模式是一些距离中心城市较近的景区开发的通行模式。就是由一个投资商控制资源，做好基础设施，然后对各种项目进行招商，联合许多小投资商一起参与经营。广东的部分景区比较成功，比如中山的泉林山庄，投资商基本不做具体项目，景区内部的 100 多个项目都是众多的中小投资商建立的。

（6）产业和资本运作相融合的商业模式

这种模式就是将景区开发到一定程度后，通过引进战略投资者而获得收益。这种模式在广东的漂流行业比较盛行，在广东投资一个漂流往往只需要 100 多万元，如果运作得当，那么两年时间一般可以收回投资，随着资源的升值，进行高价出售。

（7）混合商业模式

混合商业模式适合一些非常大型的景区，从前期的资金募集到推出采用多种运作模式，就是前 6 种商业模式的综合运用。

4. 模式的提升

传统观光模式是以观光资源为主，依托性强，布局分散，规模较小，有什么卖什么。转型升级后的商业模式是以市场需求为主，创新性强，集中布局，规模较大，需要什么开发什么。中国旅游发展 30 年，经历了这么一个过程：第一是景区，以资源为依托；第二是旅游区，在资源基础上扩充；第三是旅游经济综合体，以服务设施为主体，构造新的旅游吸引物；第四是旅游产业聚集区，资金密集、智力密集、人才密集、范围大、设施全、市场品牌突出。

在实践过程中，已经创造了三类模式。一是华侨城模式，可以简称为用地模式，即旅游加地产模式，把土地资源的利用最大化；二是港中旅的海泉湾模式，可以简称为造地模式，通过海滨滩涂造地，一步到位，直接建设旅游小镇，但是海泉湾模式成本太高，最终算下来，造一亩地也得花二三十万元；三是西安曲江新区模式，可以简称为提地模式，通过成片开发，项目运作，提升土地价值。

这三类模式各有特点，最终归纳为"A＋B＋C"的模式。A是吸引中心。作为吸引中心，不仅吸引了游客，也吸引了政府，从而成为发展的亮点。由于这样的项目需要大投入，市场也需要培育，所以有可能在直接经营上形成亏损局面。所以，一方面需要开发者的远见卓识，另一方面需要政府的政策支持。B是利润中心。目前的一般形式是配套房地产建设，长远也会形成其他方式。C是文化中心及其衍生发展。通过市场聚集人气，通过政策聚集商气，通过创意聚集文气，最终聚集了衍生产业的发展。深层次，是A、B、C三元素的阶段性转换和互换。比如在第一个阶段，这个项目就是A，就是亏损，可是过几年就不亏损，就变成盈利项目了。B今天看着是挣钱的，但是房地产建设是一次性投入、一次性回收，长远而言利润中心就立不住了。所以，A、B、C这三个元素很自然在不同的阶段一定是转换和互换的。

最典型的应该说是西安的曲江，曲江15年前的定位是国际旅游度假区，一直没有发展起来，后来西安市政府下了决心，组建了一个占地面积为16平方千米的曲江新区，作为一级政府派出机构。第一个项目投资13亿元，做了一个大唐芙蓉园，其设计、建设都不错，但当时有一部分人认为这个项目不赚钱，因为没有任何商业模式。第二个项目，做了三个遗址公园，这三个遗址公园投资20亿元，连围墙都没有，完全开放，维护这三个园子就需要上千人的园林队伍，可是这两个项目做下来，土地大幅度增值。第三个项目，做了一个大唐不夜城，这个大唐不夜城应该说是一个商业项目，里面有一些歌剧院、音乐厅。这三个项目做下来，这16平方千米土地，可以给曲江新区的政府盈利200亿～300亿元，这就是最典型的A＋B＋C。最后也形成了一个国家文化创意产业聚集区。而且那个文化公司现在文化衍生发展也已经做起来了，所以，如果我们要做大项目，就要做A＋B＋C的模式。我们在策划、规划、设计的时候，不必要求每个项目都必须成为一个利润点，肯定有的项目就是不挣钱的项目，甚至摆明了就是亏损的项目，但是没有这样的项目，就没有足够的吸引力。

第三节　市场预测

1. 旅游市场的定性预测法

旅游市场的定性预测方法包括：旅游者意图调查法、管理人员判断法、营销人员意见综合法、专家意见法等。

（1）旅游者意图调查法

旅游者意图调查法就是向潜在的旅游者了解预测期内旅游意图的方法。采用这种方法时，旅游调查人员面对潜在旅游者的旅游动机、旅游时间、旅游地点等问题，一般采用旅游概率调查表或当面询问的方式，可以比较详细地询问每位旅游者的旅游计划或旅游意图。但其缺点是，旅游意图调查法往往会耗费大量的时间和精力，调查费用也比较高。

（2）管理人员判断法

管理人员判断法在实际工作中有两种不同的表现形式：一种是旅游调查管理人员单独依据目前已具有的信息，凭借逻辑推理或直觉进行判断的预测方法；另一种是高级调查管理人员可对下级有关管理人员召开会议，听取下级管理人员对相关事情的看法，在此基础上，依据个人经验进行判断。

管理人员判断法在实际工作中应用非常广泛，简便易行，对时间和费用的要求很低，因此日常性的预测大多可采用此法。

（3）营销人员意见综合法

营销人员意见综合法是指旅游预测人员召集有关营销人员，让其对市场形势进行预测，然后对预测结果进行综合的方法。此法尤其适用于旅游市场需求的测量和对竞争对手情况的预测。

（4）专家意见法

专家意见法是旅游调查人员通过专家分析判断而进行调查预测的方法。专家意见法主要有专家个人预测法、专家会议法、德尔菲法。下面简要介绍德尔菲法。

德尔菲法作为专家意见法的一种，是旅游规划与开发中一种常用的技术测定方法，它能综合多数专家的经验和主观判断，对大量非技术性的无法定量分析的因素做出概率估算，并将结果反馈给参与的专家，通过几轮反复的评估，使分散的评估意见逐渐收拢，最后集中在协调一致的评估结果上。运用德尔菲法进行旅游市场预测时，首先将设计好的问卷发给挑选出来的专家征询意见，专家一般来自旅游规划、旅游行政、饭店、旅行社、旅游景区、旅游交通等部门或企业，人数控制在 15～50 人为宜；然后将收回的意见整理好后反馈给专家重新征集意见，如此反复四轮左右，最后得出结论。该调查法由于充分发挥了专家的经验和判断，所以得出的结论一般较客观。

2. 旅游市场的定量预测法

旅游市场的定量预测法主要包括：时间数列预测法、回归模型预测法及神经网络模型预测法。

（1）时间数列预测法

时间数列预测法是旅游调查中常用的定量预测法，主要包括简单模型法、长期趋势模型法和循环变动模型法等。旅游调查预测中常用的简单模型法包括简单平均法、移动评价法、指数平滑法和灰色模糊预测法，主要用于近期预测。长期趋势模型法是利用描述事物长期趋势的数学模型进行外推预测的方法，包括二次抛物线趋势模型法、指数曲线法以及龚珀兹趋势（Gompertz Trend）曲线法。对于各种模型，我们可以利用统计分析软件 SPSS 进行各种定量预测。

① 指数平滑预测法

指数平滑预测法是利用过去的统计资料，以平滑系数来进行预测的一种方法。其特点是以前期的实际值和前期的预测值为基础，经过修匀处理后得到本期的预测值。所以，指数平滑又称指数修匀，可以用来消除时间序列的偶然变动。具体做法是：将上期的实际统计数据与上期预测值的差额用平滑系数加权，然后加上上期的预测值，即为本期的预测值。

② 可线性化的曲线趋势模型

可线性化的曲线趋势模型是指时间序列随着时间的推移呈现曲线变动趋势，但在估计这些趋势方程时，可以把它们转化成线性关系，利用估计线性趋势模型的方法估计其参数。最常用的可线性化的曲线趋势模型有：二次（Quardratic）曲线模型、指数（Exponential）曲线模型。

（2）回归模型预测法

回归模型预测方法是通过对具有相关关系的变量建立回归模型以预测的方法。回归模型预测主要有一元回归模型和多元回归模型预测。一元回归模型预测是在确立一个自变量和一个因变量之间具有显著相关关系的基础上，配合回归线进行预测的方法；多元回归模型中则存在一个因变量和多个自变量的关系。

（3）旅游市场的神经网络预测法

旅游市场的需求涉及社会经济系统的各个方面，如政府、企业、个人等社会主体的消费心理和行为等。对其进行预测，必须很好地研究各个经济变量之间的相互关系。由于以往对旅游市场需求定量预测方面的研究较少，所以预测的数据搜集、因素分析比较困难，利用神经网络方法来模拟旅游市场的需求系统，恰好能弥补这方面的缺陷。

人工神经网络（artificial neural networks，ANN）是近年来得到迅速发展的一个国际前沿研究领域，它的发展对计算机科学、人工智能、认识科学、脑神经科学、数理科学、信息科学、微电子科学、自动控制与机器人、系统工程等方面都有重要影响，从而激发人们以不同的观点和构思来研究神经网络。研究神经网络的目的是模拟人脑的思维过程，实现某些思维，达到一定的功能。它是一个非线性动力学系统，其特色在于信息的分布式存储和并行协同处理，虽然单个神经元的结构极其简单、功能有限，但大量神经元构成的网络系统所能实现的功能却是丰富多彩的。与数字计算机相比，神经网络系统具有集体运算能力和自适应的学习能力。另外，它还有很强的容错性，善于联想、综合和推广。

第四节　管网设计

随着社会经济的发展，人民生活水平的提高，现代的大型的旅游景区越来越多，随之而来的是对旅游景区的市政配套设施设计的高要求和严标准。旅游景区的管网对以后游客的使用及负责景区管理的企业的切身利益密切相关。

1. 旅游景区管网设计环境不同于城市

旅游景区管网设计属于市政工程的重要组成部分。旅游景区管网设计环境不同于城市，因此不可依照惯性思维照搬城市规划的要求来进行旅游景区管网设计。一般来说，旅游景区距离城市较远，地势复杂，基础建设环境无法达到城市建设所要求的"五通一平"或"七通一平"。同时，旅游景区与城市的性质不同，其管网设计应充分考虑周边和当地的地理与资源条件，结合景区特点，对方方面面的问题做出科学合理的判断，准确掌握规划区的现状优势与不足，立足规划目标，找到经济、合理的规划设计方法，从而使整体规划设计思路更加明确、清晰、合理。

（1）旅游景区的季节性不容忽视

旅游具有季节性，旺季人口聚集但常住人口少，森林、温泉等休闲度假类旅游更为明显。此类旅游景区的管网设计，在考虑需求功能、维护运行、成本效益等方面的同时，应着重考虑季节因素影响。例如规划旅游区水源水库容量时，必须根据当地气候、居民生活习惯、景区淡旺季不同时段的用水量等具体条件测算，而不能依照《城市给水工程规划规范》按人均综合生活用水指标规划年用水量和水库容量。在温泉休闲项目中进行用水量的计算，也应将游客的热水和生活冷水的消耗纳入游客综合生活用水量指标中，在实地考察的基础上，根据水娱休闲项目与旅游季节性的变化来确定。

（2）充分考虑景点的集散性

一般来说，景区内游客聚居地、建筑群等设施分布较为分散，与相对集中的城镇相比，由于距离、地形、地质等因素，不具备建立高效集中、功能齐全、联合统一的市政工程设施条件，这就需要根据旅游景区的具体情况，对市政工程的形式进行代替式、选择性地建设。

水的供给与处理：不同于城镇的集中供水系统，旅游景区可选择多样供水方式。远离都市、污染少的地表水源丰富、水质稳定的旅游景区可选择地表水作为水源，如溪流泉水、河流湖泊等；易开采并适合饮用的地下水也可开采利用；对于缺水地区则可将雨水处理后作为生活供水。

对于分散污水的处理，如一些山区住户分散，其生活污水不可能统一处理，则应建立适合单户或几户的小规模的简易污水处理系统，或发展沼气等清洁能源。旅游景区的综合管网也应按各点独立、局部统一的方式进行建设。

对于消防规划中的消防栓，在《室外给水设计规范》中规定"负有消防给水任务管道……室外消火栓的间距不应大于120米"。在旅游区规划设计中，除了游客接待聚居区、古建保护区等集中建设区外，在输水管线两侧并没有其他设施，因此并不需要在供水管线上设置大量的消火栓。

能源利用：对于能源引入线路较长、投资大，但负荷小的偏僻景区，可以考虑开发利用当地的风能、太阳能、水能等自然能源条件，此类能源既清洁环保，同时又解决了线路铺设问题。

电信设备：对于景区内大范围分散的公用电话的设置，如采用架设，则影响景区风景；如地埋铺设，崎岖的地形和地质构造使通信线路铺设变成了一项复杂的工程，而在手机大量普及的今天，建设覆盖景区的移动基站就成为较合适的选择。但在旅游沿途，应设置手机充电设施，以供游人使用。

2. 管网设计基本流程

旅游景区的管网设计要遵循一定的流程，按时间先后顺序大致可以分为以下几个步骤。

（1）前期资料的收集和整理

在接到一个设计任务之初，要积极地与甲方联系、沟通，除了甲方提供的现场各种管网接口条件外，要主动到现场勘察地形收集相关资料，这是做好景区管网设计的前提。前期资料收集的好坏，会影响到后期景区市政管线和周边管线的正确衔接。甚至会出现景区内支管大于市政配套提供的主管；一旦出现雨水、污水标高低于市政接口标高的情况，且没有及时发现，会造成难以处理的后果。以后的综合管网和施工图设计就无从谈起了。

在现场勘察之前，要认真对照规划专业所提供的总平面图，大致对整个场地的地势、高差有个总体的概念，构思一个初步的管网布局方案，这样到现场后就能有的放矢，会更有针对性地处理问题。在现场勘察过程中，需要了解和掌握的资料主要有：景区总平面布置图、道路施工图或详细规划图、主要经济技术指标（包括用地面积和性质、人口规模及各类建筑面积等）；现状地形地质资料（如有山体则应考虑排洪、排涝，如靠海则应考虑防潮）；景区现有水源情况，现状给水系统图，给水管径、管位和水压资料，分区或详细规划范围内的给水设施和管线图。景区周边排水、电力、通信、供暖、燃气等设施的情况，现状管线系统图，管径、接口标高，容量分区等。现场要有建设方的专业工程师陪同，最好也要有各专业公司如自来水、燃气、通信等单位工程师一起参加，有些问题能现场解决的要现场解决，不能解决的要形成纪要材料，约定解决的时间。

（2）进行管线综合图的方案或扩充设计

在现场踏勘结束后，设计人员根据调查的资料，结合甲方提供的先期设计条件，结合各项经济技术指标进行管网综合和施工图设计。包括给排水规划、电力规划、通信规划、供暖规划、燃气规划等，主要是确定上述各专业各类设施的位置、占地、规模，干管的管径、走向并包括黄线规划及蓝线规划。黄线规划：标明上述设施、交通设施边界线并填充色块，以及电力架空线、高压输送管道及其保护线。蓝线规划：在原六线，即道路红线、城市蓝线、城市黄线、城市绿线、城市紫线、城市橙线定线的基础上，标明水域、防洪沟、截洪沟的走向、宽度等（注意图层名称的转换，不标坐标）。

（3）综合管网设计

各专业（水、电、燃气、通信）设计人员的图纸完成后即可进行综合管网设计。综合管网设计一定要考虑细致到位，方能对以后的施工图设计起到更好的指导意义。综合管网设计要做好两方面的工作：一是平面上各管线的管位的安排。设计时还要参照建筑物单体的首层平面图，对于酒店、度假村等项目来说，一般把给水、热力管道布置在管道井一侧，污水管网布置在北向，燃气管线布置在厨房一侧；另一方面就是各种管道在竖向上的布置。除了各种受竖向限制较小的有压管线外，在做雨、污水设计时，应事先对交叉雨、污水管线的标高做调整，达到规范要求的垂直净距，在此基础上再对其他各专业管线的标高予以协调。通常由上至下的顺序为：强电管、弱电管、燃气管、给水管、排水管（雨、污水管上下位置应根据实际设计的标高再确定）。各管线的水平、垂直净距应满足《城市工程管线综合规划规范》（GB50289—98）中的要求，若局部管线满足不了，又受实际情况所限，必须要考虑处理措施，如加设套管等方案。图纸完成后应连同设计说明一起报备有关审批部门，并要求各专业单位负责人一起参与管线协调会议，并形成会议纪要。

上述工作均完成后将设计图纸和相关资料报有关部门审批，经批准后结合各单体的施工图纸进行施工图设计。

总之，一个项目的综合管网设计关系重大，设计人员应积极配合各个工种，设计要做到细致到位，并及时解决有关疑难问题，使设计工作达到理论知识与工程实践的和谐统一。

第五节　竖向设计

1. 内容与用途

竖向设计图是根据设计平面图及原地形图绘制的地形详图，它借助标注高程的方法，表示地形在竖直方向上的变化情况及各造园要素之间位置高低的相互关系。它主要表现地形、地貌、建筑物、植物和园林道路系统的高程等内容。它是设计者从场地的实用功能出发，统筹安排地块内各种景点、设施和地貌景观之间的关系，使地上设施和地下设施之间、山水之间、园内与园外之间在高程上有合理的关系所进行的综合竖向设计。竖向设计图包括竖向设计平面图、立面图、剖面图及断面图等。

2. 绘图要求

竖向设计图在总体规划设计中起着重要作用，它的绘制必须规范、准确、详尽。

平面图

（1）绘图比例及等高距。平面图比例尺选择与总平面图相同。等高距（两条相邻等高线之间的高程差）根据地形起伏变化大小及绘图比例选定，绘图比例为1：200、1：500、1：1000时，等高距分别为0.2米、0.5米、1米。

（2）地形现状及等高线。地形设计采用等高线等方法绘制于图面上，并标注其设计高程。设计地形等高线用细实线绘制，原地形等高线用细虚线绘制。等高线上应标注高程，高程数字处等高线应断开，高程数字的字头应朝向山头．数字要排列整齐。假设周围平整地面高程定为0.00，高于地面为正，数字前"＋"号省略；低于地面为负，数字前应该注写"－"号。高程单位为米，要求保留两位小数。

（3）其他造园造景要素。

① 园林建筑及小品：按比例采用中实线绘制其外轮廓线，并标注出室内首层地面标高。

② 水体：标注出水体驳岸的岸顶高程、常水水位及池底高程。湖底为缓坡时，用细实线绘出湖底等高线并标注高程。若湖底为平面时，用标高符号标注湖底高程。

③ 山石：用标高符号标注各山顶处的标高。

④ 排水及管道：地下管道或构筑物用粗虚线绘制并用单箭头标注出规划区域内的排水方向。为使图形清楚起见，竖向设计图中通常不绘制园林植物。

立面图

在竖向设计图中，为使视觉形象更明了和表达实际形象轮廓，或因设计方案进行推敲的需要，可以绘出立面图，即正面投影图，使视点水平方向所见地形、地貌一目了然。

根据表达需要，在重点区域、坡度变化复杂的地段，还应绘出剖面图或断面图，以便直观地表达该剖面上竖向变化情况。

第六节　绿地系统设计

一、绿地及绿地系统

目前旅游设计中所包括的绿地，主要涉及公园绿地、综合公园、全市性公园、区域性公园、主题公园、儿童公园、动物园、植物园、历史名园、游乐公园、风景名胜区、农业观光园、湿地公园、运动绿地、殡葬绿地、其他专类公园、街旁绿地、农林生产绿地、农业绿地、耕地、园地、草地、林业绿地、生产型林地、其他生产型林地、生产绿地、生态防护绿地、生态绿地、自然保护区、森林公园、水域绿地、生态恢复绿地、防护绿地、道路防护绿地、河道防护绿地、水源涵养林、城市高压走廊绿带、城市绿化隔离带、其他防护绿地、附属绿地、商服绿地、工矿仓储绿地、公共管理与公共服务绿地、特殊绿地、住宅绿地、城镇住宅绿地、社区公园、居住区公园、小区游园、居住绿地、农村宅基地绿地、交通运输绿地、交通绿地及运输绿地等。根据《城市绿地分类标准》（CJJ/T 85 - 2002）所划定类型主要属于其他绿地类型。《城市绿地分类标准》将城市绿地分为公园绿地、生产绿地、防护绿地、附属绿地和其他绿地五大类。其中，把对城市生态环境质量、居民休闲生活、城市景观和生物多样性保护有直接影响的绿地，包括风景名胜区、水源保护区、郊野公园、森林公园、自然保护区、风景林地、城市绿化隔离带、野生动植物园、湿地、垃圾填埋场恢复绿地等，直接划归到城市绿地系统的"其他绿地"这一大类中。该标准在"条文说明"中进一步指出，其他绿地"位于城市建设用地以外、城市规划区范围以内"，"它与城市建设用地内的绿地共同构成完整的绿地系统"。《城乡规划法》确立了"城镇体系规划、城市规划、镇规划、乡规划和村庄规划"的城市规划体系，按此体系类推，"其他绿地"应是城市、镇、乡和村庄建设用地以外，相应的规划区范围内的所有绿地。这就清楚地界定了"其他绿地"概念的外延。

《园林基本术语标准》（CJJ/T91 - 2002）将"城市绿地"表述为"以植被为主要存在形态，用于改善城市生态、保护环境，为居民提供游憩场地和美化城市的一种城市用地"。它包括城市建设用地范围内的用于绿化的土地和城市建设用地之外的对城市生态、景观和居民休闲生活具有积极作用、绿化环境较好的特定区域。2008 年 1 月 1 日起施行的《中华人民共和国城乡规划法》界定的"规划区"是指"城市、镇和村庄的建成区，以及应城乡建设和发展需要必须实行规划控制的区域"。也就是说，它包含城市建成区以及必须实行规划控制的区域两个空间层次的绿地。这就是"城市绿地"概念的外延。可见，"其他绿地"是城市规划区范围内、"城区绿地"外的绿地，它是连接"城区绿地"与"市域绿地"的桥梁，是以"城区绿地"为核心向"市域绿地"辐射拓展的纽带，起到"牵一发而动全身"的重要作用。如此界定，更有利于我们在更大的背景下科学统筹旅游设计中"绿地"系统的设计。

研究市域绿地，就不得不提到"开放空间"（Open space）一词。"开放空间"是国外常用的大致与我国绿地相当的概念，然而其概念的界定与研究范围又有一些差异。

该概念有以下几个特征：1. 强调开放空间的自然开放属性；2. 强调开放空间的多重功能；3. 强调开放空间的系统构建；4. 开放空间与绿地概念之比较。

国外开放空间既包括城市内部和外围的山体、水体、植被、林地等具有自然特征的空间，也包括广场、庭院、步行街等人工环境空间。它只强调空间概念本身的开放性和可达性，不再对概念进行其他的限制，可见开放空间概念的内涵是比较贫乏的，而它的外延就要更大些。而城市绿地则不然，它用绿色对空间进行了限制，只有绿色进入的地方才叫绿地，故有人称之为"绿色开放空间"，认为所有在城市内及周边地域能提供市民接触绿色的场所均属此类。但还是用绿色限制了空间，所以城市绿地概念的内涵比较丰富，而外延就小于开放空间了。最显而易见的一个区别是水体不涵盖在绿地系统内，但却是开放空间的研究范围。

绿地的功能主要包括：生态平衡功能、隔离防护功能、水源涵养功能、游憩娱乐功能、产业经济功能。

　　市域绿地系统规划的理论基础涵盖了很多基础科学的内容，如地理学、社会学、经济学、生态学、系统学。此外，也涵盖了一些应用科学的内容，如区域规划学、环境规划学、景观生态学、游憩行为学。

二、绿地系统规划的工作程序

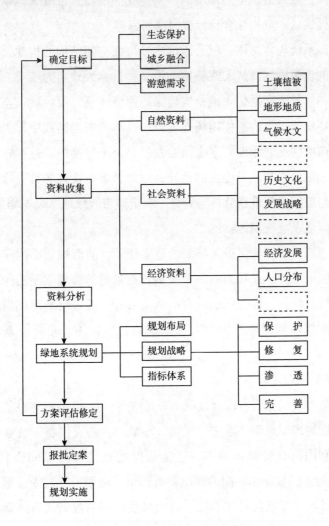

图 6 - 1　绿地系统规划的工作程序

（一）目标确定

目标的一般含义是人类行为的动机和目的。市域绿地系统规划的目标主要体现在规划行为的功能价值取向、生态价值取向与社会的经济、文化及美学价值的取向上。传统的城市绿地系统规划，特别是城市开发发展都偏重于社会经济价值的取向，以致造成生态环境的严重退化。所以，市域绿地系统规划应该走出这个目标误区，重构综合目标型的规划思想。

市域绿地系统规划总体目标是通过主导市域空间结构的构建，营造人与自然和谐统一的理想境界。从宏观整体上说，将目标大致定为三个方面：保护自然生态环境，修复废弃退化土地；构建绿地网络体系，引导城市空间发展；创造宜人生活环境，提供游憩休闲场地。但在具体的规划实践中，由于不同市域之间与同一市域的不同绿地要素之间的发展总是不平衡的，总存在关键要素和重点地区与一般要素和一般地区的差异，规划必须抓住这些具有战略价值和影响力的要素与地区进行重点分析与研究。制定该市域绿地系统规划的具体目标，体现该市域绿地系统规划的特色。

当前，市域生态环境保护是规划的首要任务，然而规划不能仅限于对现有环境资源的消极维护，在我们面临着许多日益紧迫的环境问题的今天，应该从积极的视角设置城乡一体、互动融合的战略目标，通过绿地基础设施的一体化建设，充分发挥市域绿地的生命支撑系统的积极作用，完成生态环境保护的任务。

（二）资料收集和现状分析

资料收集和现状分析可以通过以下渠道进行：1. 组织跨学科的团队实地进行考察，掌握地理、地质、水文、气候、环境、生态、生物、植被等第一手资料，也可以利用原有资料做参考，这是最原始也是最可靠的资料收集方法。2. 建立一个与遥感数据相匹配的环境调查清单，运用 GIS 技术、遥感技术、计算机辅助设计技术等现代科技手段，使大尺度范围的规划从野外调查、资料收集、信息处理、计算模型、目标决策、方案成图到监督实施全过程向现代化方向发展，这样既可以提高规划资料的准确性和精度，又能为资料分析提供科学的方法。在这方面美国地质调查局进行了有意义的探索（见表 6 - 1），可供我们借鉴。3. 需要借助限建区规划和土地利用规划等，了解特定地块的土地对特定使用方式的适宜程度和承载能力，这是市域绿地规划的基础。必要时运用生态利用潜力分析、生态平衡指标分析、适宜性分析等方法对各种生态因子进行综合评价，综合分析若干个因素共同作用下所产生的土地自然属性。4. 周密地分析地域环境的潜力、限度和地方经济的关系，综合做出区位分析、自然条件和自然资源评价，生态与环境分析、社会与经济状况分析等内容，客观评价市域绿地的优势与制约因素，也是市域绿地系统规划的一项重要内容。

表 6–1　与遥感数据相匹配的土地利用与地表覆盖分类系统

类别名称	内　容
城市与建成区土地	居住区、商业及服务设施、工业、交通通信与服务设施、工商业复合、城镇或建成区混合区、其他城镇等
农业用地	农田与草地、果园葡萄园温室以及装饰性园艺、圈养场、其他农业用地
牧场	草本牧场、灌丛与杂林牧场、混合型牧场
林地	落叶林地、常绿绿地、混合林地
水体	河流与渠道、湖泊、水库、海湾与河口
湿地	覆林湿地、未覆林湿地
荒地	干燥盐原、滩涂、非滩涂沙质区、裸露岩石、露天矿、采石场及墓穴、过渡地区、混合裸地
苔原	灌丛及杂林苔原、草本苔原、裸露地、混合苔原
常年冰雪	常年雪原、冰川

（三）区域绿地系统规划

区域绿地系统规划的重点是生态环境发展中的战略要点和超越区域自身发展的重要问题，核心是区域范围内联系各城镇的绿色基础设施建设和生态网络体系的构建。应该在区域城镇体系规划的发展目标和发展政策的调控下，根据市域绿地系统规划的目标要求具体进行规划操作。

区域绿地系统规划主要有规划布局、规划战略和指标体系三大块内容。规划战略具体包括制定区域绿地系统规划的总体发展战略与格局、明确各类必须保护的绿地空间，划定生态敏感空间、农业空间和游憩绿地，对重点绿地提出控制性规划要求等内容。指标体系是根据规划的目标要求确定各类绿地的建设规模、位置与性质，并建立相应的绿地指标系列。规划布局是要求绿地系统建设目标可以构建出一个安全、稳定的绿地系统框架。在规划过程中还要为以后的进一步的提升规划留有足够的自由活动空间。

（四）方案评估和报批定案

规划方案初步拟订后，应请当地政府的负责人、业务主管部门和各方面的专家，对规划方案进行评估、论证或评审，还要注意听取当地人民群众及有关方面的专业工作人员的意见。规划工作者要根据评估、论证或评审意见，进行认真的研究，并做必要的修改，最后形成规划文件（包括图件和报告）。规划成果应按有关规定程序，报上级主管机构或政府权力部门审批，方具有实施的法律效益。

（五）规划实施

在实施规划方案过程中，要跟踪调查规划的操作实施情况，检查规划的可行性和实际效益，并根据新发现的情况和问题，对原规划方案做出必要的调整、补充和修订，使其适应变化了的形势和环境。方案重大修改，要报请有关部门审核批准。

三、市域绿地系统规划的结构布局

每个城市的自然地域特征、经济基础条件、历史文化背景和战略发展各异，市域绿地的结构布局不可能也不应该有固定不变的模式。因此，本节从分析影响布局的主要因素和现有布局手法等方面入手，总结出以下几项市域绿地空间结构的布局要点。

（一）影响结构布局的主要因素

市域绿化系统的多元特征、动态特征以及它同城市的交织特征，决定着它的结构布局受到了诸多方面因素的影响，它涉及社会、经济、技术、地理、生态、人文等各个领域。在很大程度上与该城市的自然地理、城市形态、用地结构、经济结构等有关，是一项综合性系统工程。而绿地内部的结构和空间分布在很大程度上又反作用影响着绿地的各种因素，从而影响市域绿地综合效益的发挥。所以，研究影响布局的生态因子，是科学布局的前提。图6-2标明了影响因素、布局方式和布局思考三者之间的内在联系。

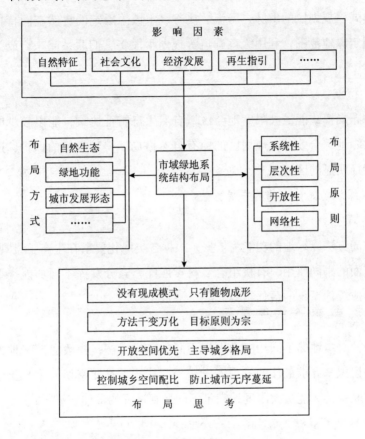

图6-2 影响因素、布局方式和布局思考的内在联系

（二）结构布局的主要原则

市域绿地系统以它在面积、连通性和动态控制三方面的强大优势成为主导市域空间构建的最重要的因素。它通过平衡市域绿色空间的分布、联结状态及其对构成机制的干预过程，引导城市健康发展。它是通过一个理性、合理的组织过程促使城市向健康、理性的方向发展。在组织实施时应遵循四个原则，即系统性、层次性、开放性及网络性。

（三）结构布局的主要方法

1. 以自然空间为主导的布局方法

（1）概述

该模式以规划区的山脉、河流、溪谷、水域等限定的自然空间特征为主要依据，划定绿地范围，利用绿色廊道等规划手段将它们联系起来，成为绿色网络体系。

（2）特点

这种布局模式能最大限度地与区域自然生态特征协调，能以较少的投入获得最大的绿地综合效益，规划区的原有自然格局能得到较好的保护，适用于自然生态特征明显的区域。

2. 以绿地功能为主导的布局方法

（1）概述

该布局方法以绿地的功能为依据，根据各类绿化要素在生态、景观、游憩、经济等方面的不同作用，有机组合、科学匹配，充分发挥不同功能类型绿地的合力，形成绿地系统的最佳结构。

（2）特点

该种针对绿地的不同功能而采用不同的布局手法，一般通过绿地的评价比较或重叠模拟来寻求最佳的景观安全格局。其特点是能密切绿化与土地使用在功能上的联系性，能最大限度地满足不同景观过程的最佳布局方式。

3. 以区域发展模式为主导的布局方法

（1）概述

该布局方法是以区域发展形成的基本形态作为市域绿地系统结构布局的主要依据，在充分尊重城市基本格局的某些具有重要作用的关键要素的组分及重大城市设施的空间分布形式的前提下，决定市域绿地系统的结构布局。

（2）特点

该布局方法能较好地顺应城市协调发展的需求，建设适应并促进城市发展的绿地系统，保证城市经济、社会的高效发展。这种布局方法适用于空间结构明显、建筑颇具特色的城市。该方法的运用需处理好城市发展与自然山水格局之间的关系。

4. 以景观生态学为主导的布局方法

（1）概述

该布局方法强调景观生态学的运用，通过对绿地景观要素的组成及其功能的详细分析，形成"斑块—廊道—基质"的系统建设，构建绿色网络体系。

（2）特点

该布局方法充分遵循景观生态学的相关原理，对各景观要素进行分类，进行优化配比与构建，使城市绿地体系在空间布局上呈现均匀分布态势，形成完善的绿地服务体系，能较好地发挥各景观要素的生态效益。

5. 以土地适宜性分析为主导的布局方法

（1）概述

该布局方法是以土地适宜性分析作为绿地系统布局的主要依据，通过对市域绿地系统布局有重大影响因子的叠加分析，提出对市域绿地系统空间布局的建议。

（2）特点

以市域绿地系统空间布局为目的的土地适宜性分析，是以生态适宜性为立足点对市域范围内的土地生态因子进行分析归纳，以确定生态保护建设和土地开发利用的方向，对市域绿地系统规划起了关键性指导作用。同时，将3S技术（GIS、RS、GPS）运用到整个规划过程之中，不仅提高了信息数据处理的效率，而且为后期的规划、管理工作提供了可靠的数据来源，增加了规划布局的科学性和可操作性。这是目前最值得推广使用的布局方式。

四、市域绿地系统规划的战略

市域绿地系统规划的规划战略可以总结为八个字：保护、修复、渗透和完善。规划思路是：首先，在限建区规划的指导下，在生态适宜性分析的基础上，积极保护生态敏感区，修复废弃退化土地，以构建生态环境保护系统，保护与修复市域生态环境；其次，根据城市社会、经济发展目标，通过规划主导城市与绿地空间形态的优化配比，构建城乡多类型、多功能绿色渗透系统；最后，根据网络化构建需要和人们游憩需求，通过土地置换、增加游憩绿地和增设连通性绿色廊道等方式，完善双向开放的绿地网络系统。

第七节　行为心理

旅游者的旅游消费行为是指在消费心理的支配下发生，并随着消费心理的发展变化而变化的过程。国内学者刘纯认为，旅游消费行为的实质是旅游消费对旅游产品和服务的购买决策和购买行动过程，并根据消费心理学的理论设计了一个旅游消费者购买行为的综合模式。这一模式设计了旅游消费者行为的各个方面，如信息加工、环境影响、比较、选择、购买过程以及产品的评价等。

一、旅游者消费行为模式的静态分析

静态分析的时候可以不考虑时间序列，只就影响消费行为的方式、方法进行分析。

（一）经济因素

1. 收入。收入水平决定着一个潜在的旅游者能否实现旅游以及消费水平的高低。许多相关研究表明，当一个家庭的收入不足以购买基本生活必需品时，该家庭很少会外出旅游。然而一旦这个家庭的收入水平超过这一临界点，用于旅游的消费便会迅速增加且增加比例超过收入比例。

此外，收入水平不仅仅影响着人们的旅游消费水平，而且会影响到人们的旅游消费构成。一般来说，较为富有的家庭会在食、住、购、娱等方面花销较多，从而使得交通费用相比在其全部旅游消费中所占比例缩减；而经济条件次之的家庭的交通费所占比例则比前者要大，这是因为食、住、购、娱等方面节省开支比较容易。

2. 价格。旅游产品的价格以及变化影响着消费行为。一是旅游产品同其他某些商品和服务之间存在替代关系，旅游产品的价格同这些商品或服务价格的不同会导致人们对旅游产品需求量的变化；二是由于大多数人的收入是有限的，当旅游产品的价格上升的时候，人们往往会减少出游的需求。

3. 利息率。此项包括存款利息率和消费者贷款利息率。银行存款利息率的变化对于消费者在消费和储蓄之间产生较大的影响。

（二）非经济因素

1. 动机。导致消费行为的动机有很多，这主要源于人们需要的复杂性和目标的多样性。

2. 态度。态度主要表现为对旅游消费决策的影响。心理学研究表明，个体态度一旦形成，就会导致某种偏爱或者某种方式的行为倾向，并进一步影响旅游决策。所以说，要想通过改变旅游者的态度影响其旅游决策，就必须设法使消费者意识到旅游经营者所提供的具体服务项目和内容，并设法使消费者相信这些项目和服务内容是可以得到的。

3. 个性特征。个人身上经常表现出来的本质的、稳定的心理特征即是个性特征，主要包括能力、气质、性格等多个方面，其中性格为核心。

4. 所处的团体。消费者属于什么样的团体，其消费行为和模式也会体现出这个团体的特征，遵从所属团体的诸多行为规范。一个特定的团体所具有的价值准则或行为惯例会以各种方式影响成员的行为，在旅游情境中具体表现为属于某一特定团体的人们寻求他们所属团体惯常的利益和所需。所以，旅游经营者应该理解旅游者所属的特定的团体，了解这些团体之间的差异、习惯、需求，这样才能使旅游产品更适合于不同类型的团体。

5. 闲暇时间。一般意义上的闲暇时间定义为人们在日常工作、学习、生活及其他必要时间之外的可以自由支配的时间。如果人们的闲暇时间比较集中，有可能实现离家之外的生活方式，这样才能完成外出旅游这种消费行为。

6. 信息。信息的来源主要有两种渠道：商业环境和社会环境。商业环境包括广告和推销。旅游经营者需要通过具有说服性和吸引力的信息传递方式增强消费者原有的动机，促使他们接受并认同这些旅游信息，从而使他们做出外出计划的决策。与商业环境的信息相比，旅游消费者更愿意相信从社会环境（如同事、亲戚）中获取的信息。因为他们体验、经历过一个旅游的过程，所以他们的信息对于消费者是具有一定的可信度和说服力的。

二、旅游者消费行为模式的动态分析

游客的消费是一个连续不断的过程，只要消费者这个主体存在，该过程就不会终止（见图6-3）。

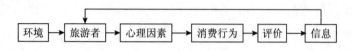

图6-3　消费者行为的动态模式

这个模式说明游客的消费行为受到环境和心理因素的影响，并会对消费活动的情况做出评价。而这些评价会作为信息反过来影响游客的下次活动。

动静态模式的主要特征是：

一是动态模式中的环境是一个变化的环境，如家庭、社会阶层、文化群体、年龄等。

二是消费者的个体心理因素，如动机、态度、情绪等都是可以随着消费活动过程的变化而变动的。

三是在动态的消费模式中，时间因素被引进，也就是旅游者旅游阶段这一时期（本期）的消费行为受到前期消费行为的影响，而本期消费行为又影响到下期的消费活动，形成循环反馈。

第八节　景观小品

景观小品一般指体形小、数量多、分布广，功能简单、造型别致，具有较强的装饰性，富有情趣的精美设施。景观小品在景观中具有艺术及功能的双重特性。它是景观环境中的一个视觉亮点，吸引游人停留、驻足。景观小品作为景观环境的组成部分，有着各自不同的使用功能，都是作为组景的一部分，起着组织空间、引导游览、点景、赏景、添景的作用。

一、景观小品类型

（一）服务小品：供游人休息、遮阳用的亭、廊、榭、棚架、座椅等，为游人服务的饮水器、洗手池等，为保持环境卫生的废物箱等。结合环境，用自然石块或用混凝土做成仿石、仿树墩的凳、桌等。或利用花坛、花台边缘的矮墙和地下通气孔道的座椅、凳子等。围绕大树基部设椅凳，既可休息，又能纳凉。

（二）装饰小品：各种可移动和固定的花钵、饰瓶，可以经常更换花卉。装饰性的日晷、香炉、水缸，各种景墙（如九龙壁）、景窗等，在园林中起点缀作用。

（三）展示小品：各种布告栏、导游图、指路标牌、说明牌等，起到一定的宣传、指示、教育的功能。

（四）照明小品：以草坪灯、广场灯、景观灯、庭院灯、射灯等为主的灯饰小品。

二、景观小品的作用

景观小品设计通过提高生活品质，提升生活品位，以人为主体，以空间环境为载体，构架着现实通向理想的桥梁。景观小品在视觉美感、造型形态、色彩、材质，以及在阳光和灯光下呈现出来的效果，都会带给游客行为和心理上的变化，为人们提供了物质功能和精神功能双重价值。

景观的形成虽然有赖于空间的组织，但气氛的烘托和意境的体现却离不开景观小品的创造及点缀。因此，景观小品设计必须首先处理好与环境的关系，充分考虑建筑、观赏石、绘画及雕塑、植物等多种元素融为一体的视觉效果，造型、材料的选择上以文化本质为依据，内容上主要由发展历程、意义、技术的介绍等组成，同时结合地面铺装上的变化协调完成造景需要，让四季均有景可观。

景观小品的应用会使它所在环境显得更充实和丰富。高质量、高水平的景观小品设计可以更好地服务于大众、点亮环境，为生活增添审美素质。有时设计者在设计上丝毫的细心都会给使用者带来无限喜悦的心情。现代景观小品设计的理念是"以人为本"。因为现在的人们更注重实际的切身享受。

（一）景观小品的组景作用

对于一个有序的空间景观来说，景观小品的重要性是不言而喻的。人们对一个景观环境的感受和理解很大程度上是由景观小品的布局和造型决定的，所以景观小品在组织空间和烘托气氛等方面的作用决不能忽视。景观小品一方面作为被观赏的对象；另一方面又作为人们观赏景色的场所，因此设计时常常使用景观小品把景色组织起来，使景观环境变得更生动，更富有诗情画意。

（二）景观小品的成景作用

塑造景观是造园的生命及目的。我国园林设计就非常注重视景的建设，所以多为"集景式"园林，好的景观小品必须与周围环境相协调。

（三）景观小品的实用作用

景观小品无论是组景、成景，还是欣赏、被欣赏，它的最大作用就是为人们提供最好的服务。衡量一个景观小品的好坏，除了需要衡量它是否能满足人们的心理要求外，还要衡量它是否满足人们最大限度的生理要求。如公园中的栏挡就可以使人们在排队很久的时候休息之用。这种景观小品就是实用性较强的景观小品。

三、景观小品设计原则

（一）功能性原则

景观小品绝大多数均有较强的实用意义，在设计中除满足装饰要求外，应通过提高技术水平，逐步增加其服务功能，要符合人们的行为习惯，满足人们的心理要求。建立人们与小品之间的和谐关系。通过对各类人群不同的行为方式与心理状况的分析及对他们的活动特性的研究调查，设计人员应尽量让小品的物质性功能充分满足游客的心理需要。因此，园林景观小品的设计人员要考虑人类心理需求的空间形态，如私密性、舒适性、归属性等。景观小品在为景观服务的同时，必须强调其基本功能性，即景观小品多为公共服务设施，是为满足游人在浏览中的各种活动而产生的，像公园里的桌椅设施或凉亭可为游人提供休息、避雨、等候和交流的服务功能，而厕所、废物箱、垃圾桶等更是人们户外活动不可缺少的服务设施。

（二）艺术性原则

景观小品设计是一门艺术的设计，因为艺术中的审美形式及设计语言一直贯穿整个设计过程中，使景观设计成为艺术的、可以改善人类生存空间的设计。景观小品设计的审美要素包括点、线、面，节奏韵律，对比协调，尺寸比例，体量关系，材料质感以及色彩等。审美要素以它们独有的特征形成对人的视觉感官产生刺激，有质量的景观的审美特征呈现于人眼前，使人置身于某种"境界"之中。把景观小品设计成为艺术的设计，使视觉体验和心理感受在对景观之美的审视中产生情感的愉悦，提升人们的生活品质。因此，景观小品的设计首先应具有较高的视觉美感，必须符合美学原理。

（三）文化性原则

历史文化遗产是不可再造的资源，它代表了一个民族和城市的记忆，保存有大量的历史信息，可以为人们带来文化上的认同感和提高民族凝聚力，使人们有自豪感和归属感。我国园林区别于其他国家园林环境的一个明显特点，是在一定程度上通过表面塑造达到感受其隐含的意境为最高境界。现代园林的发展更多的是追求视觉景观性，但小品的文化内涵更能增加其观赏价值和品位，它也是构成现代城市文化特色和个性的一个重要因素。所以，建设具有地方文化特色的景观小品，一定要满足文化背景的认同，积极地融入地方的环境肌理，真正创造出适合本土条件的，突出本土文化特点的景观小品，使景观小品真正成为反映时代文化的媒介。

（四）生态性原则

人们越来越倡导生态型的城市景观建设，因此，对公共设施中的景观小品也越来越要求其环保、节能和生态，石材、木材和植物等材料得到了更多的使用。在设计形式、结构等方面也要求园林小品尽可能地与周边自然环境衔接，营造与自然和谐共生的关系，体现"源于自然、归于自然"的设计理念。

所谓生态性，即一种与自然相作用、相协调的方式。任何无机物都要与生态的延续过程相协调的方式。任何无机物都要与生态的延续过程协调，使其对环境的破坏影响达到最小。通过这些小品设计向人们展示周围环境的种种生态现象、生态作用，以及生态关系，唤起人与自然的情感联系，使观者在欣赏之余，受到启发进而反思人类对环境的破坏，唤醒人们对自然的关怀。

（五）人性化原则

景观小品的服务对象是人。人是环境中的主体，所以人的习惯、行为、性格、爱好都决定了对空间的选择。人类的行为、歇息等各种生活状态是景观小品设计的重要参考依据。其次，景观小品的设计要了解人的生理尺度，并由此决定景观小品空间尺度。现代园林小品设计在满足人们实际需要的同时，追求以人为本的理念，并逐步形成人性化的设计导向，在造型、风格、体量、数量等因素上更加考虑人们的心理需求，使园林小品更加体贴、亲近和人性化，提高了公众参与的热情。如公园座椅、洗手间等公共设施设计更多考虑方便不同人群（特别是残障人士、老年人和儿童等）的使用。在紧张节奏生活的今天，人性关怀的设计创作需求更为迫切。富于人性化的景观小品能真正体现出对人的尊重与关心，这是一种人文精神的集中体现，是时代的潮流与趋势。

（六）创造性原则

创新使景观小品更为形象地展示，以审美的方式显露自然，丰富了景观的美学价值。它不仅可以使观者看到人类在自然中留下的痕迹，而且可以使复杂的生态过程显而易见，容易被理解，使生态科学更加平易近人。在这个过程中，设计师不仅要从艺术的角度设计景观的形式，更重要的是引导观者的视野和活动，设计人们的体验过程，设计规范人们的行为。对创造性的理解与研究应该运用在景观小品设计的最初阶段。从解决现实问题的角度来考虑创造性问题，是景观小品推陈出新，探索新材料、新技术的使用。

综上所述，景观小品的设计应与所处环境的设计意图相一致。特别是景观小品在衬托环境气氛，加深环境意境方面起着不可低估的作用，设计中必须做到先立意，也就是先有构思，只有做到意在笔先，才能创造出优美的意境来。

四、常用景观小品的设计要求

（一）座椅（景凳）

座椅是景观小品中最基本的组成部分，是供游人休息的必要设施。座椅在园林中除具有实用功能外，还是景色中的一部分，兼具观赏、休息、谈话的功能。

1. 座椅的设计要点

（1）满足人的心理习惯和活动规律。

（2）园林中有特色的地段，面向风景，视线良好。

（3）具有方便性和私密性。

（4）座椅的数量应根据人流量大小而定。

（5）座椅尺度符合人体工程学。

2. 座椅的具体设计

位置选择：首先选择在需要休息的地方；其次是有大量人流活动的园林地段，各种活动场地周围，出入口、小广场周围等。

3. 布置方式

座椅分成两种形式：一种是独立形式，适合单独或两人坐；一种是连排式的，适合多人坐，选择哪种座椅应该根据空间的需要而定。如果是公共场合，连排座椅比较适合，但是人多、人挤的地方连排座椅应该有横挡，这样可以减少矛盾。如果是相对私密的场合就应选用单独座椅。座椅可分为可移动的和不可移动的。园林中以不可移动的为多，要注意的是园林中的座椅应安置在树荫下，如果一年四季都经常使用也可考虑顶上封起来。沿街设置的座椅不能影响正常的城市交通，尤其是人行道的正常交通，同时也不能偏离人行道太远，与其他公共设施成组设置，例如，公共汽车候车亭、电话亭、报刊栏、垃圾箱、饮水器等，座椅避免面对面设置，可以成角布置，以 90°～120°最为适宜。另外，考虑残疾人和老年人需求，应留有轮椅和拐杖放置空间。

4. 座椅的尺寸要求

（1）一般座椅的尺度要求：座椅高度在 350～450 毫米，普通座面高 380～400 毫米，坐板水平倾角为 6°～7°，椅面深度为 400～600 毫米，靠背与坐板夹角 98° ~ 105°，靠背高度 350 ~ 650 毫米，座位宽度为 600 ~ 700 毫米/人，双人椅 120 厘米左右，3 人椅 180 厘米左右。

（2）座椅材料多为木材、石材、混凝土、陶瓷、金属、塑料等，应优先采用触感好的木材，木材应做防腐处理，金属做防锈处理，座椅转角处应做磨边倒角处理。

（二）亭

亭主要起遮阳避雨，供游人休憩，并在风景优美处由内向外观赏景致，并起点景组景作用。亭作为景观的组成部分，要与周围环境协调。

1. 地形对亭设置的影响

（1）山地设亭，中小型景观。

（2）水边和水上设亭，接近水面，体形宜小。

（3）平地设亭，避免建亭视点过低，亭的基座要抬高。

2. 亭的设计要点

（1）亭体量小，平面严谨，基本都是规则几何形体。亭的直径一般为 3 ~ 4 米，小的为 2 米，大的为 5 米，亭的大小应由环境来决定。

（2）亭的平面布局一种为终点式，设一个出口；另一种为穿越式，设两个以上出口。

（3）现代亭的造型有平顶、斜坡、曲线等各种式样。可做成折板、弧形、波浪形，或者强调某一部分构件和装修来丰富园亭外立面。

（4）现代园亭根据环境要求做成仿自然、野趣和仿生态的式样，或帐幕等新式样。

（5）一般方亭柱高等于面阔的 8/10，六角亭高等于面阔的 15/10，八角形柱高等于面阔的 16/10。

（6）如为木制亭，应选用经过防腐处理的红杉木等耐久性强的木材。

（三）廊

廊的基本类型包括：双面空廊、复廊、双层廊、单支廊。

1. 廊的设计方法及要点

（1）廊的宽度和高度设定应按人的尺度比例关系加以控制，避免过宽过高，一般高度宜在 2.2～2.5 米，宽度宜在 1.8～2.5 米。居住区内建筑与建筑之间的连廊尺度控制必须与主体建筑相适应。

（2）柱廊是以柱构成的廊式空间，是一个既有开放性，又有限定性的空间，能增加环境景观的层次感。柱廊一般无顶盖或在柱头上加设装饰构架，靠柱子的排列产生效果，柱间距较大，纵列间距 4～6 米为宜，横列间距 6～8 米为宜，柱廊多用于广场、居住区主入口处。

2. 分割空间方式

因地制宜，采用漏景、障景等方法对景区的景点进行分割。

3. 廊位置选择

一般选择在人流集散地。

4. 内部空间的处理

可适当增加台阶，也可在廊内做适当的隔断。

5. 廊的内部装饰设计

可在内部设置座椅、美人靠、花格、额坊。

6. 廊的尺寸

一般净宽 1.2～1.5 米，株距 3 米以上，柱径 15 厘米左右，柱高 2.5 米左右。

（四）棚架

棚架是用刚性材料构成一定形状的格架供攀缘植物攀附的园林设施，又称藤架、花架、棚架、绿廊。棚架是园林绿地中以植物材料为顶的廊，它既具有廊的功能，但又比廊更接近自然，更易融合于环境之中。

1. 棚架的作用

棚架有分隔空间、连接景点、引导视线的作用，棚架顶部由于植物覆盖会有助于减少太阳对人体的辐射，从而产生庇护作用。有遮雨功能的棚架，可局部采用玻璃和透光塑料覆盖。适用于棚架的植物多为藤本植物。

2. 棚架形式

门式、悬臂式和组合式。棚架高宜 2.2～2.5 米，宽宜 2.5～4 米，长度宜 3～10 米，立柱间距 2.4～3.3 米。棚架的开间：3～4 米，进深为 2.7 米、3 米、

3.3 米，棚架下应设置供休息用的椅凳。

3. 棚架常用的建筑材料

（1）竹木材：朴实、自然、价廉、易于加工，但耐久性差。竹材限于强度及断面尺寸，梁柱间距不宜过大。

（2）钢筋混凝土：可根据设计要求浇灌成各种形状，也可做成预制构件，现场安装，灵活多样，经久耐用，使用最为广泛。

（3）石材：厚实耐用，但运输不便，常用块料做架柱。

（4）金属材料：轻巧易制，构件断面及自重均小，采用时要注意使用地区和选择攀缘植物种类，以免炙伤嫩枝叶，并应经常油漆养护，以防脱漆腐蚀。

（5）棚架常用攀缘植物：紫藤、野葛、紫薇、藤本蔷薇、葡萄、丝瓜、葫芦、木通、茑萝、常绿油麻藤等。

（五）饮水器

饮水器的设置是一种人性化的关怀，是一种以人为本的景观小品。这种供水设施也是街道及公共场所的重要装点之一。饮水器分为悬挂式饮水设备、独立式饮水设备和雕塑式水龙头等。饮水器的高度宜在 80 毫米左右，供儿童使用的饮水器高度宜在 65 毫米左右，并应安装在高度 10～20 毫米的踏台上。

（六）垃圾箱

垃圾箱主要设置于休息观光通道两侧，主要形式有固定型、移动型、依托型等。

垃圾箱是在公共园林出现以后为公众服务的，好的垃圾箱应该是美观和功能兼备，并且可以与景观环境相协调一致。有些单独设计的垃圾箱常常成为环境一景。一般分为固定式和移动式两种。

普通垃圾箱的规格为高 60～80 厘米，宽 50～60 厘米。但放置在公共广场的垃圾箱需要较大的型号，高宜在 90 厘米左右，直径不宜超过 75 厘米。垃圾箱制作材料种类很多，有铁材、钢材、木材、石材、混凝土、GRC、FRP、陶瓷等各种成品。有烟灰箱的垃圾箱应选择有耐火构造的材料制作。

（七）雕塑小品

雕塑在现代园林中占有相当重要的地位。雕塑小品可以赋予景观空间以生气和主题，通过以小巧的格局、精美的造型来点缀空间，使空间诱人而富于意境，提高环境景观的精神品质。

雕塑类型从表现手法上分为具象和抽象雕塑。按雕塑的空间形式分为圆雕、浮雕、透雕。按使用功能分为纪念性雕塑、主题性雕塑、功能性雕塑、装饰性雕塑等。

雕塑设计要点

（1）注重整体性：首先要注重雕塑自身的材料、布局、造型的整体性；其次是与环境空间、文化传统相统一。

（2）体现时代感：立意（反映当今时代主题），材料（结合现代材料），形式（体现地域人文精神）。

（3）注意与配景的有机结合：要与其他景观小品协调统一。

（八）榭

榭是一种借助于周围景色而见长的园林休憩建筑，通常依水而筑，从而确立了水榭的基本形式。

1. 水榭的位置

为了营造水榭有凌波的轻快感觉，除了要把水榭平台贴近水面外，还要避免将水榭的平台、驳岸砌成整齐的石岸线。平台应采用柱支撑，水面应尽可能往平台低部中间伸入，有意地在浅色的平台下引出一条深色的阴影线。这样，就会增加平台挑出凌水的轻巧感。

水榭的设置一般不宜设在较为狭窄的水湾中，而应该设在稍为舒展的，较宽阔的湖面上。因为这样的环境可以让游人抒发情感，人们的胸怀也会随宽坦的水际而展开。另外，对建筑而言，在这特定的环境中建造水榭，会由于前方的一弯活水和周围丰富的自然环境，反衬出其玲珑剔透的效果。

2. 水榭的形式和风格

通常建筑平面为长方形，临水部分开敞，只由柱子开间，另外三面均为落地门窗，形式较轻巧，多为木、石、瓦构造，其装饰性、点缀性强。现代水榭平台布局力求多变，究其原因，一是考虑游人量大，活动方式多样；二是现代水榭应用钢筋混凝土的结构方式，构造稳固，为建造曲折多变的水榭提供了良好的基础条件。所以，现代型水榭的空间感觉很丰富，各活动空间的层次穿插灵活。

（九）木栈道

临水木栈道是为人们提供行走、休息、观景和交流的多功能场所。由于木板材料具有一定的弹性和粗朴的质感，因此与一般石铺砖砌的栈道相比，当人们行走其上面的时候会感到更为舒适。多用于要求较高的环境中。

木栈道由表面平铺的面板（或密集排列的木条）和木方架空层两部分组成。木面板常用桉木、柚木、冷杉木、松木等木材，其厚度要根据下部木架空层的支撑点间距而定，一般为 3~5 厘米厚，板宽一般为 10~20 厘米，板与板之间宜留出 3~5 毫米宽的缝隙。不应采用企口拼接方式。面板不应直接铺在地面上，下部要有至少 2 厘米的架空层，以避免雨水的浸泡，保持木材底部的干燥通风。设在水面上的架空层其木方的断面选用要经计算确定。

木栈道所用木料必须进行严格的防腐和干燥处理。为了保持木质的本色和增强耐久性，用材在使用前应浸泡在透明的防腐液中 6~15 天，然后进行烘干或自然干燥，使含水量不大于 8%，以确保在长期使用中不产生变形。个别地区由于条件所限，也可采用涂刷桐油和防腐剂的方式进行防腐处理。

连接和固定木板和木方的金属配件（如螺栓、支架等）应采用不锈钢或镀锌材料制作。

（十）照明小品

照明小品基本上可以分为两种：一种以欣赏为主，根据不同的环境景观特色进行灯光再创造，给人视觉上带来极佳享受，但只可远观；另一种以实用为主，为人提供活动空间。不仅为欣赏，更为人使用。适合各种活动特点，在使用与不自觉地欣赏之余达到较高的艺术境界。

景观灯具的设计要根据不同绿地在具体环境中所处的地位、规模的大小及其具体的形式来对待每一处具体的灯光环境设计，并考虑人们的视点变化。照明小品种类繁多，主要包括草坪灯、广场灯、景观灯、庭院灯、射灯等为主的灯饰小品。园灯的基座、灯柱、灯头、灯具都有很强的装饰作用。

1. 园灯中使用的光源及特征

（1）汞灯：使用寿命长，是目前园林中最合适的光源之一。

（2）金属卤化物灯：发光效率高，显色性好，也使用于照射游人多的地方，但使用范围受限制。

（3）高压钠灯：效率高，多用于节能、照度要求高的场所，如道路、广场、游乐园，但不能真实地反映绿色。

（4）荧光灯：由于照明效果好、寿命长，在范围较小的庭院中适用，但不适用于广场和低温条件工作。

（5）白炽灯：能使红、黄色更美丽显目。但寿命短，维修麻烦。

（6）水下照明彩灯。

2. 园林中使用的照明器及特征

（1）投光器：用在白炽灯高强度放电处，能增加节日快乐的气氛，能从一个反向照射树木、草坪、纪念碑等。

（2）杆头式照明器：布置在院落或庭院角隅，适于全面照射铺地路面、树木、草坪，有静谧浪漫的气氛。

（3）低照明器：有固定式、直立移动式、柱式照明器。

3. 园林照明用具构造

（1）灯柱：多为支柱形，构成材料有钢筋混凝土、钢管、竹木及仿竹木，柱截面多为圆形和多边形两种。

（2）灯具：有球形、半球形、圆及半圆筒形、角形、纺锤形、圆和角椎形、组合形等。

所用材料则有：贴镀金金属铝、钢化玻璃、塑胶、陶瓷、有机玻璃等。

（3）灯泡灯管：

普通灯：昼光，白炽灯。

荧光灯：昼光，冷白色，温白色。

水银灯：高压，荧光水银灯。

钠灯：高压与高效率低压钠灯。

4. 园林照明标准

（1）照度：目前国内尚无统一标准，一般可采用 0.3 ~ 1.51lx，作为照度保证。

（2）光悬挂高度：一般取 4.5 米高度。而花坛要求设置低照明度的园路，光源设置高度小于等于 1.0 米为宜。

（十一）展示类小品

1. 信息展示类

小品设计要点：

（1）材料、造型、色彩及设置方式要与其他小品取得整体性，但又具有其个性；

（2）设计尺度和安放位置要易于被发现和方便阅读；

（3）避免阳光直射展面。

2. 标志展示类小品设计要点

（1）具有易识易读和自明的特点。可运用形、符号、色彩、图案、文字等视觉元素来加以设计。

（2）根据环境特色而设计与之相统一的标志物。

（3）位置的选择，宜人的尺度，考虑人类的视觉习惯。

（十二）景墙

景墙的主要功能：

1. 有隔断、划分组织空间的功能。

2. 围合、标志、衬景的功能。

3. 装饰、美化环境、制造气氛并获得亲切安全感。

现代园林中景墙的主要作用是造景。景墙的形式繁多，根据其材料和剖面的不同有土、砖、瓦、轻钢、绿篱等。从外观上又有高矮、曲直、虚实，光洁与粗糙，有檐与无檐之分。现代景墙在传统围墙的基础上注重与现代材料和技术的结合，主要有以下形式：石砌、土筑、砖、钢管、混凝土立柱铁栅、木栅等。现代景墙常以变化丰富的线条来表达轻快、活泼质感；或体现材料质感和纹理，或加以浮雕艺术衬托景观效果。

第七章　旅游设计的专项方法

第一节　森林公园设计

森林公园旅游作为一种极具特色的新兴旅游，与其他的旅游形式存在着一定的差异。一方面，同其他旅游形式一样，森林公园旅游的发展会对旅游地的经济、社会、环境、生态造成各种正面负面影响；另一方面，作为一种环境资源，森林公园旅游资源又不同于其他旅游产品和服务，具有典型的准公共品特性。

森林公园是指森林环境优美、生物资源丰富、以森林为主体的自然景观相对集中、具有一定规模和范围的，可供人们游览、观光、康体休闲或者进行科学文化教育活动的森林旅游区域。按照地域分布与景观特色森林公园可分为：山岳森林型、海岛森林型、冰川森林型、溶洞森林型、火山迹地森林型、森林湖泊型、森林草原型、城郊型（园林型）森林公园。

一、森林公园设计的理论基础

（一）景观生态理论

景观生态学的重点就是研究生态系统以及格局与过程的相互关系，把"缀块、廊道、基质"作为分析任何一种景观的模式。森林公园景观具有丰富多样的组成要素，通常以山地为构架，以自然景观为"基质"，以游步道等交通线路为"廊道",以人文景观和接待服务设施为"嵌体（缀块）"。

（二）森林美学理论

森林美是森林公园自然景观发挥美誉作用的主体,对旅游者有着强烈的感召力。森林美学对山岳型森林公园的水土保持、环境美化、大气净化、噪声吸收、自然教育和环境教育等方面具有重要意义,对设计森林资源景观与环境协调等方面给予美学指导,同时也从美学角度研究与生态保护密切相关的问题。

（三）中国古典园林理论

中国古典园林有着独树一帜的造园理论和艺术风格,是景观人文美与山川自然美的有机结合,虽为人造,宛如天成。森林公园本身就是大自然的一部分,因此在设计中要以中国古代"天人合一"的思想为指导,使各种自然资源得到合理利用,使景点及各类设施与自然环境相协调,还要注重人文景观的建设,达到情景交融的意境,使人与自然美景融为一体。

（四）环境规划理论

环境规划学是研究人类协调环境与社会和经济发展的关系,以最小的投资获取最佳的环境效益的一门学科。森林公园旅游设计,是对公园整个大环境进行全面的设计,应全面规划,合理布局,在符合生态规律和经济规律的基础上,达到社会效益、经济效益、环境效益的统一,并充分发挥其经济价值。

二、森林公园设计的原则

（一）生态保护原则

生态保护原则就是在生态优先的基础上,重视保护景观资源、自然生态平衡、生态环境和生物多样性。森林是森林公园旅游赖以存在的基础,并且,森林公园具有地段美的资源特性,构成了森林公园生态旅游产品的独特性。应充分挖掘这一特质,利用地段美开展垂直带谱生态回归游。

（二）重点原则

重点原则就是要求因地制宜,突出旅游资源中最有特色的部分,强化公园的主体。森林公园的构成核心是山地森林景观及其生态环境等自然景观。设计应依托自然资源,融合历史和当地民风民俗的特色,将自然景观资源和人文景观资源充分结合，突出重点。

（三）多元化原则

多元化原则就是要注重从多个方面不同程度地展现森林景观价值，体现公园的综合功能。在加强自然和人文景观规划建设的基础上，同时要从发展旅游的角度，结合公园的性质定位和主体特色，配套建设与之相适应的旅游基础设施，讲求食、住、行、游、购、娱等服务的多元化发展。

（四）协调原则

协调原则就是规划建设中不仅要注重森林公园设计和开发项目本身相互协调，还要注重与当地有关行业部门和乡、村集体协调好各方面的关系。在设计中保证重点建设项目质量的同时还要讲求注重全局，使各景区相互融合和补充，综合平衡。此外，还应依靠社会各方面的支持，广泛收集并充分利用现有资料，为森林公园的建设和发展创造一个良好的外部环境。

（五）有法可依原则

有法可依原则就是要求在设计中必须严格遵守有关林业、旅游、文物、环保等方面的法律法规和技术规范，如《中华人民共和国森林法》《中华人民共和国野生动物保护法》《中华人民共和国文物保护法》《中华人民共和国环境保护法》《中华人民共和国水土保持法》《中国森林公园风景资源质量等级评定（国家标准）》《森林公园管理办法》《中华人民共和国森林法》《森林公园总体设计规范》及其他一些森林公园的地方性管理条例及办法。

三、森林公园的具体设计

1. 景区景点设计

① 正确处理风景资源的保护与开发利用之间的关系，全面规划，坚持可持续发展战略，协调好已开发景区和待开发景区的发展步骤。重视维护生态环境的良性循环，适度开发，永续利用。

② 依据森林公园景观资源特色差异性及地域空间连续性，景源分布状况及空间环境特征等特性，使景区间既保持内在的联系，又突出自身的特色。

③ 景区的主题要鲜明，特色要突出。景观资源要相对集中，以有利于游览

线路组织为主。

④ 坚持突出森林生态环境优势，突出场地精神，形成自身的独特风格和地方特色。山水是组成森林公园的骨架，在森林公园的设计过程中，必须对场地现有山水景观资源进行摸底，为后期场地改造、巧于因借、因地设景等手法提供技术性资料。

2. 游览线路设计

① 游览线路要有利于保护风景资源等自然资源和生态环境。

② 游览线路要方便公园进行日常管理和维护，以及便于导游、解说。

③ 游览线路要考虑不同层次游客的需求，避免线路重复，制订一日游、二日游与多日游的多种游览方案，灵活组织不同旅游费用的游览线路。

④ 旅游线路要有明确的主题和特色，符合游客游览心理变化需求和风景空间序列变化节奏规律。

⑤ 游览线路要力求与毗邻风景旅游点的旅游网络体系衔接，形成良好的旅游外联协作体系。结合游览道路布线设计，观景台、景亭的选址，对山水风景资源进行梳理，使游人可以最大限度观赏到森林公园所有山水景观的景色，得到身心的愉悦。

在对森林公园的浏览线路进行设计时，应尽量使其循源而上，务必使路和溪水具有亲和力；具备条件的河流，舒通河道、设置亲水平台，开辟游人戏水的场地；飞流挂瀑则应结合线路的设计，选择合适的视点位置，修筑适当规模的观景平台以引导游人进行观赏游憩活动。

3. 植物景观设计

① 森林垂直分布林带景观优化。森林垂直分布林带景观需严格保护原有天然林植被群落并进行森林抚育，适当点种本林带季相风景树，按植被演替规律改造原有采伐迹地，实施退耕还林，加速中、幼龄林和低质林的抚育，使其尽快恢复生态功能。

② 景区、景点植物景观规划。各景区、景点植物配置应在保护好现有植被的基础上，突出植被演替的明显规律、物种多样的原始风貌，运用借景、漏景等多种造景手法，注重立体种植，形成自然结构类型富于季相变化的植物群落，

不断提高植物的景观效果，创造不同的植物景观和内容，突出各个景区的特色和环境意境。

③ 主干道路及游览线路的植物景观规划。公园内的道路是沟通各景区、景点的纽带，是游赏线路的载体。公园主干路及其他各景区内道路是园内主要游览线路，根据各区的功能和观赏需要，采取规则式和自然式相结合的方式，营造护路林和遮阴林，选用树姿自然、主干优美、树冠浓密、高低适度的树种，既保障游人行走遮阴，又保持道路的水土涵养。在道路的折转处，配置高低错落的花境。

植物景观设计要以现有森林植被为基础，体现垂直地带性植被特点，并以此确定基调树种、各景区骨干树种，树种选择以乡土树种为主，适当引进观赏性高、抗逆性强的树种，体现森林公园自身的特色。森林景观作为森林公园旅游的基础资源，必须加以保护，植物景观布局以保护为主、改造为辅的原则，严禁破坏天然林。在风景林营造和景区、景点美化上坚持因地因景制宜、适地适树和植被类型多样化的原则，突出地带性植物群落的特色，保持森林植被的原始状态。同时应该充分考虑游客的心理感受和审美情趣，依据园林植物配置美学要求，通过对原有伐区的林相改造，林木的定向培育等方法，分期分批栽植所处地带性的风景树种，突出各景区、景点特色，提供不同植被群落演替的观赏内容，提高森林生态景观的质量。

4. 动物景观设计

① 从积极恢复生态平衡出发，处理好加强资源保护与合理利用的关系，以利于改善生态环境。

② 根据公园植被、地形、地势、土壤、气候等因子进行有选择性规划，营造适宜野生动物栖息的原始环境。

③ 在观赏上以野生种群为主，野生种群与放养种群、圈养种群相结合，增加野生动物的可览度。

④ 遵循保证游人安全的原则，在兽类经常活动易伤人的区域，树立醒目的标志牌，对游人告示安全注意事项。森林公园内的高山、深谷、森林、竹林及河流为许多野生动物提供了隐蔽场所和生活条件，公园在有野生动物出没区域

设置投食槽、招鸟巢、饮水站等设施，仿效野生动物自然特性结合景观特征，使野生动物能逐步适应后经常光顾，以便于在这些地方开展集观赏、探险、娱乐于一体的山野旅游。

5. 旅游服务设施

旅游服务设施设计应遵循以下原则：

① 符合公园总体布局要求，布局上要做到相对集中又服从游览组织的需要，分层布设、重点突出地安排服务网点，力求形成有利于组织高效率旅游的服务网络体系。

② 服务设施的建设标准应与游客构成相适应，高、中、低档相结合，满足不同消费水平的游客的需求。

③ 服务设施的建设不得破坏森林公园的景观，其建筑的体量、造型、色彩等应与周围自然环境相协调。

④ 森林公园的服务设施建设，应以为游人服务为宗旨，突出森林公园的特色，游乐及购物着重体现自然野趣、地方特色。

⑤ 各类设施布局、风格、造型、体量、色彩等要与周围环境相协调，突出建筑风貌。

在森林公园的氛围中，宜使用具有传统意义和自然气息的木、石、茅草等。这些材料来自大自然，再通过一定的现代手法的细致处理运用到以大自然生态系统为背景的森林公园中去。由于材料的质地、色彩与大自然取得了极大的和谐统一，从而不会对视觉环境造成过大的反差；另一方面表现在形式上，中国古典园林建筑"如鸟斯革，如翚斯飞"，所以设计人员应注意在建筑的风格要求上应与自然环境取得最大限度上的和谐和共鸣。善于通过现代手法运用传统建筑形式，必然会形成人工的建筑环境与大自然的高度艺术共鸣，增强游人在森林游憩时对环境的审美印象。

6. 基础设施设计

① 景区交通基础设施。完善内外部道路系统的配套设施，提高公路干线的等级和通行能力，保证安全畅通。内部交通网络组织，有利于保护景观，有利于旅游路线的组织，有利创造畅通、安全、便捷和低公害的交通条件。优化道

路路网系统，在满足旅游服务的同时，兼顾护林防火、环境保护以及森林公园职工与周边居民的生产、生活等多方面的需要。综合确定道路建设标准和建设密度。重点打造旅游步道、旅游索道和码头。道路规划要尽量利用、完善原有路网基础，同时体现林区的特色，灵活运用"半边街"、"之字路"、"爬山街"等多种形式，形成活泼、有趣、多层次的林区景观道路网络结构。

② 给水、排水基础设施。建设自来水厂和污水处理厂，形成自来水给水系统。

③ 能源基础设施。大力发展高效、清洁的天然气和电力等能源。

第二节 旅游度假区设计

一、旅游度假区的演变

由工业的散落到工业的集聚，从而使得散落工厂转变为工业园区，旅游度假区也是由此原理而形成的，旅游景区、娱乐、体验等形成旅游的集大成——度假区。度假区设计的原理和传统的项目设计原理不同，要从产业密度、服务功能、产业集成等更高层次方向思考，相应的设计原理、收费标准、技术要求等需要设计人员进一步升级。魏小安总结了我国旅游发展的几个阶段：一是旅游景点阶段；二是旅游经济区阶段，就是依托旅游资源周围又做了很多相应的经济开发，靠投资建设来盈利；三是旅游度假区阶段；四是旅游城市阶段，如拉斯维加斯。

度假区的建设始于度假旅游的兴起，由于度假旅游在 20 世纪 60 年代的蓬勃发展，在加勒比海岸、地中海沿岸、东南亚国家的海滨地区、夏威夷、澳大利亚的海滨形成了以夏季休闲度假为主要目的的海滨旅游度假区，在欧洲的阿尔卑斯、韩国汉城附近的山地出现了以冬季山地运动、健身为主要目的的山地度假区。20 世纪后半期，世界各国和地区的旅游者中休闲度假旅游渐渐成为度假区的一种新功能、新时尚。

我国的度假区历史可以追溯到几千年前封建王朝的皇家园林与私家园林式的旅游度假区，如河北的承德避暑山庄、北京的颐和园和皇家园林，以及苏州、无锡等地的私家园林。现代休闲度假则主要集中在海滨、山地和温泉疗养等地。真正大众化的休闲度假始于 20 世纪 90 年代，以 1992 年国务院批准建立的 12 个国家旅游度假区为标志，我国的大众化度假旅游产品开始启动。现代度假区的类型可以分为：山地度假区、海滨度假区、乡村度假区以及温泉度假区。

二、旅游度假区的概念及其特征

关于度假区定义众多，目前还没有一个统一的概念。"度假区的概念的中心原则就是创造出一种能够促进并提高愉悦感觉的环境，在实践中，它是通过提供娱乐设施以及服务项目来创造愉快、宁静的环境，尤其重要的是以亲切、友好的态度来服务客人，根据客人的不同情况提供高水平的服务来实现的[①]"；"旅游度假地是以闲暇为导向、自给自足的设施与服务有机组合体，用以为游客创造一种特殊的环境与经历[②]；还有学者认为定义度假区先要清楚观光、休闲和度假这三者的区别，认为度假区的功能包括观光和休闲这两个必不可少的内容，这样，游客可以在度假区内欣赏到无与伦比的风景的同时还可以得到身心的放松。度假区以下几个主要特征会对规划设计产生较大的影响。

（一）综合性

旅游度假区是一个由游客和服务者构成的临时性的"社区"，因而在功能上具有高度的综合性。度假区规划设计首先一点就是要以游客的度假行为与游客的心理行为为主线，将众多的功能和设施串成一个高雅、健康、生态的生活的时空序列。多样与集中的功能布局，可以在有限的范围内满足不同游客的多种需求，并给游客带来心理上的满足。但对于度假区的综合性要做到合理设计，不然会误入歧途。如有些度假区试图将旅游、商贸、金融、房地产、高新技术等第三产业全部融入进去，就造成了画蛇添足的结果。

---

① 朱卓仁. 休假地的开发及其管理. 旅游教育出版社，1992.
② 邹统钎. 旅游景区开发与管理. 第 3 版. 清华大学出版社，2011.

（二）周期性

由于度假旅游与人们的休闲时间以及假期长短密切相关，因而使得度假区的使用具有周期性的特点，即有淡旺季之分和周末平日之别。如有些山地度假区以滑雪活动为主，其周期性就可表现为冬天游人如织，夏天无人问津。此特性要求规划设计人员在设计规划度假区时要考虑到高峰时段的环境容量，又要深入挖掘客源市场潜力，开拓度假新产品，提高度假区吸引力和设施的利用率，力争把淡旺季的游客数量的差别缩减到最少。

（三）享受性

游客到度假区生活是为了享受一种轻松愉悦的、放松的生活，从而满足其精神追求和物质享受。所以，度假区要为游客创造一个可以进行休闲旅游的场所，一个能够给人们带来健康生活方式的环境。这就要求设计人员在设计时不仅仅运用自然环境给游客来舒适感觉，同时还应考虑人文环境的舒适性，如宜人性化的设施建设与优质的服务等。因为度假旅游具有停留时间长、重游率高的特点，所以环境的康益性也是度假区是否能给游客带来享受感的关键所在。如良好的绿化、优美的景色、休闲性的体育设施、健身娱乐场所的设计以及建筑设施的生态化都是对"康益性"的一种自然环境和人文环境的体现。

三、旅游度假区的发展趋势

度假区内旅游项目的设计应该建立在分析度假区的发展趋势基础上，所以分析国内外度假区的发展过程和以后未来的走向是非常必要的。伴随着旅游度假的快速发展，度假区之间的竞争愈演愈烈，定位核心客源市场、形成度假区特色以及满足游客多方面的需求成为旅游度假区发展的新趋势，可表现在以下几个方面。

（一）主题性

主题是指度假地规划设计发展的主要理念或者是核心内容。主题明确，度假区的定位就会明确，其特色和竞争优势也就会明确。度假区的主题是与其形象树立密不可分的，随着度假旅游需求的日益多样化，度假区的类型也日益增多，除了综合性的度假区外，具有专题性的度假区也得到了较快的发展，如

"海南博鳌"会议型度假区，作为以官方为鲜明特色的高层会议论坛型度假地，其"自由"、"合作"与"互信"的主题和政治形象非常鲜明；再如，苏州太湖国家旅游度假区的规划设计突出了"生态、文化、科技"这一主题，通过与生态的融合，以及通过现代科技应用的手段，形成了度假区的特色和适宜的度假环境，提升度假区在长三角地区的区位优势，并产生多元化的旅游产品，从而实现策划地域的综合效益的最大化。

（二）文化性

文化是度假区特色和亮点的重要组成部分，它在一定程度上决定了度假区是否能够长期生存和发展，是是否具有吸引力和魅力的关键所在。如印尼的巴厘岛，其文化特色主要是巴厘岛的传统习俗和社会习俗，国外游客之所以觉得巴厘岛有独特的魅力，就是想领略其浓郁的地方特色文化。度假区的文化吸引不仅可以是具有浓郁特色的地方性传统文化的体现，还可以是现代休闲度假文化的体现。如韩国的庆州波门度假区以地方古老文化和国际文化的兼容为特色；墨西哥的坎昆大型海滨度假区以玛雅文化为宣传重心。

（三）生态性

对度假区生态环境的保护，体现在度假区的绿化率和对生态环境脆弱地区进行生态保育率，注意建筑风格与周围生态的协调一致，尽量减少旅游活动的负面影响，并重视生态产品的开发。度假区的生态包括自然生态和文化生态，所以度假区生态保护是要尽可能保护度假区内外的原生态环境，保护动植物的多样和文化的多样性，增加自然生态的改善，营造文化生态。

（四）园林化

度假区的功能之一就是为游客提供观光旅游，所以度假区的景观性和园林化逐渐被规划设计人员强调起来。景观本身就是度假区的重要组成部分，优美的风景和风光足以对客源市场产生巨大的吸引力。度假区的景观设计通常是通过度假区原有景观系统，然后结合度假区的园林绿化设计、山水风景点划分与策划、人工景点与小品以及建筑等的布局与设计，营造出一种令人流连忘返、赏心悦目的景观风景，使度假区成为宜人的生活居住环境。

（五）休闲性

严格意义上来说休闲和度假是有一定区别的。休闲不一定与旅游有关，出门到异地休闲是旅游，而去网吧、咖啡馆、与亲友聚会也是休闲，但却不是旅游。度假的内涵是极其丰富的，休闲只是度假的一种形式而已。将休闲性看作度假区的一大特征，是由于消磨闲暇时间已经成为度假旅游的一项主要内容，而度假区所具有的良好的环境，丰富的旅游内容都为游客休闲提供了一项特殊的经历与体验。随着休闲旅游时代的到来，度假区将成为人们消磨闲暇时光的最好场所。在规划设计度假区时要考虑到度假区具有游客停留时间较长、重游率较高的特点，因此要增加度假区的休闲设施和内容，有利于丰富度假区内容，提高度假区的品位和档次。

四、旅游度假区的规划设计要点

（一）运用生态理念，注重环境营造

这里所说的环境指的是自然环境和人文环境。度假区一般都会设立在风景秀丽、自然资源丰富的地区，所以在规划设计时必须要考虑到与自然的和谐。像九寨沟、桂林这样如人间天堂、独一无二的景观是可遇而不可求的，任何大量的人造景观远远比不上大自然的鬼斧神工。所以，如何适当开发和利用大自然带给人们的恩赐是一项非常具有挑战性的任务。世界上著名的度假区都是着意建设成一个整体和谐的人文景观与自然景观融合恰当的生活社区，如有"美国威尼斯"之称的劳德代尔，绿树、碧水环绕，齐全的设施和设备为人们旅游度假提供了一种惬意的生活。

（二）满足游客心理需求，注重服务质量

服务功能是度假区的第一功能，即使有如梦如幻、如诗如画的风景和再好的设施，没有了服务功能的度假区也只能是一个空壳。度假者离开喧哗的城市来到度假区，是为了享受一种闲暇悠闲的生活，期盼的是一个舒适、洁净、温馨的生活环境，而对于可以支付得起到度假区度假、已达到富裕水平的家庭来说，他们会对度假区的服务功能更显得挑剔和苛求。因此，便捷的交通、良好的路面、干净的公共场所、高档次的住宿设施、卫生而美味的菜肴、丰富多样的康乐设施以及游客服务中心等，都是非常重要的软件。

（三）主题明确，定位清晰

在开发方看来，没有清新明确的主题的度假区是不完美的规划设计，在设计者看来则是没有水平的规划设计。我国是有着五千年历史文明的古国，每个度假区都可以挖掘出其文化资源作为主题。但不论其文化资源是否具有建筑价值、艺术价值、考古价值、历史价值、科学价值，最终还是要看其是否具有市场价值。一个传说、一座古刹、一批名人或许可以作为度假区的文化附加值，但未必能拔高成为主题。所以，如何选择主题，就是设计师要把握的关键所在。

此外，在度假区的设计规划时，设计师心中要明确某一度假区的定位，是为大众旅游而设计，还是为了高档次高品位的人群而设计。如为大众旅游而设计，其设施和设备就应多考虑中档消费，如酒店宾馆应设有一般的标准间；如定位为高端消费，则在设施方面就应注重其奢侈的感觉和私密性。

（四）突破季节因素，发展多功能度假区

由于我国地理分布因素，南北温差的存在大多数度假区会出现明显的淡旺季失衡的现象。所以，在规划设计旅游度假区时应考虑到这一个因素，努力把度假区的淡季损失减到最小。

为突破季节性因素，度假区应具有多元化功能，应把度假区生产、居住、生态与游憩功能并重，兴办与旅游互补或促进的工业、副业、服务业。具有多功能的度假区将像一个完美而又复杂的生态系统，具有较强的自我调节能力。另外，对于海滨、山岳等以自然资源为主导的旅游度假区，要挖掘其历史内涵，突出当地地理、文化、民俗等特色项目，让度假者成为项目的参与者。这样才能突破季节性的制约，适当弥补淡季的空白。

第三节　遗产地、保护区设计

一、遗产地、保护区的概念

在我国，由于政策体制的缘故，出现了诸多的部门概念。如文化遗产地、文保单位专属文化部门，湿地公园、森林公园专属林业部门，而自然保护区则属于环保部门等。在国际上，自然遗产和文化遗产都是在保护区的总概念下，二者多数没有区分。从理念的核心而言遗产地就是保护区，就是一个地域因为有重要的风景资源或是重要的文化资源、历史资源、生物多样性资源等而"需要保护"的区块。

本文所提及的遗产地、保护区的概念是从西方概念角度出发的，指的是值得保护的自然或者文化的公共资产。那么如何理解公共资产？对于公有制的国家，一旦资源被一个企业开发后，就变成了"私有"，意味着如游人不买门票就不允许进入。而对于私有制国家，保护区和遗产地是全民共有的财产，在国有的概念下作为全民共享的资源。所以在开发之前，规划和设计需要得到民意的授权。欧美国家对于保护区的整体规划设计的大思路是：第一要考虑如何进行保护；第二要考虑如何进行旅游运营。这看似冲突性存在的两个方面，其实却是恰当合理的：遗产地、自然保护区的开发是为了让更多人意识到这个地区值得保护，就需要在人们通过旅游来认可、认知并意识到这一区域的保护价值。

二、遗产地、保护区的设计开发

当下，全球遗产地保护区的面积占陆地面积的 10%。西方的城市化进程发展很早，至少 70%~80% 的人口已经居住在城市。汽车业的发展和航空业的发展更使得旅游成为大众产品。如今，人们已从原来的对城市的向往变成了对人烟稀少的地方渴望。这样也就带来了遗产地的客源。旅游推进了遗产地、保护区价值的民主化认可，也构成了遗产地和保护区价值在人的思想观念的一种传承。

保护区 70% 的区域都是人文环境的影响叠加在自然的区域里面，纯粹的自然相对较少。保护区是以自然的概念为基础的，任何的设计都是为了平衡自然和人类的关系，所以在开发之前首先就是要确立价值观。因为价值观直接影响设计手法，影响到设计的路径和边界。比如说，我国旅游开发摆在第一位的是经济，我们的设计就是要以市场作为导向，让景区获得更多的利益，从而才能更好地保护景区。

国内的旅游规划设计，是在工程性安排中包容商业形态的设定。而在西方，并无此规划的概念，他们的规划等同于计划，要和保护区制定的公约和政策相关联。公约和政策是在民主进程中实现的，随着规划的完成，会衍出许多的法律、制度、规章。而这些法律、制度、规章是通过民众的参与和大家的认同而获得的。西方做规划之前要经历个庞大的流程——社区投票，周边的居民要认可此项规划设计方案，这样就用民主的方式赋予了项目的法律权益。而我国的相关旅游产品在设计过程中，重要的内容就是要考虑如何在保持自然价值的基础上把它变成适销的商品，如何成为在市场上能够得到很大响应的目的地。这就是中西方设计路径的差异。

保护区和遗产地设计的核心在于平衡自然和人类之间的关系，这就是规划设计的起点。也就是说不能无限制地去扩大想象力，去加大开发强度，而应该谦逊地把价值还原给自然，从自然价值去分析挖掘。

不管是遗产地还是保护区，作为景区产品的类型而言，一定要有游客服务中心来接待游客，提供旅游导览和管理服务中心的职能。访客步入保护区遗产地里面，是希望可以深处在美妙的场景之中，而不希望因为食宿等问题再回来。所以，在旅游线路中就需要安排一定的游客服务设施，规模小的就是客栈或者是服务营地，规模大的时候就会成为度假村。

三、环境敏感性设计

环境敏感性的设计主要是从四个角度上来说。其一，噪声和光对动物的影响。遗产地和保护区内可以划定几个"游人禁止入内"的区域。如珍稀鸟类的栖息地，就需要限制游客和鸟类之间的距离，因为如果靠近了，鸟类的孵化和生活就会被干扰。在设计供游人步行的小径时，要考虑和动物的栖息地保持一定的距离，以免游人影响动物的活动。其二，垃圾处理问题。垃圾可分为固体和液体两种形式。西方对于污水的处理设计成为分散式处理的方法。运用分散处理是因为大自然本身有其降解能力，一定量的污水可以下渗到土壤里面，由土壤做自然的净化处理。在固体垃圾的处理上，欧美国家提倡游人把自己的固体垃圾带出保护区；其三，能源的运用，如运用太阳能、风能等能源的运用问题。其四，自然界自身容量的问题。当前背景下，我们追求经济效益，所以对保护区的容量期望值是很高的。投资开发商对项目有更高的效益的期待，所以就挖空心思地赋予保护区更多的职能。在这样的情况下，设计就要在自然容量的范围内尽可能地运用自然资源，减少内部实施的投资，从而提升容量的价值。例如，针对新疆十里画廊的设计，如此大空间的自然设计，只要内部的设施少就不存在亏损的问题，也不担心季节性的问题。

四、导览、解说设计

旅游设计是离不开导览设计和解说设计的。在成熟的旅游产品中特别强调解说设计与导览设计的重要性。因为这是实现保护区价值，达到政治上、民众上的认同感，使得项目在法律的监督下得以通过的前置性要求。在欧美国家，当人们进入遗产地和保护区之前都要受到近10分钟的培训，通过相当到位的解说和导览图使游人可以清楚地了解该保护区或遗产地的环境价值、生态价值以及文化价值。

国内的导览设计一般指的是游线设计，目的在于使人们按照景区的规定线路进行旅游活动，但这是初级阶段的导览设计。在国外，导览设计还包括标注帐篷的安扎地、禁区等细节。在旅游结束后，游人会被邀请填写一些报告，这样可以把环境教育、文化教育、生态多样性的保护教育深化下去。所以，大多数民众对于保护区的开发是持赞同观点的。国外的遗产地和保护区会和科研机构深层次结合，构建真正的研究型营地，通过很多研究成果凸显其保护价值，从而获得大学或是社会上的专项基金资助。所以在前期的设计中也要考虑到保护区和遗产地不仅具有观光游览性，还具有其研究价值。在国外，这个价值会被植入导览设计和解说设计里面去。

五、支撑系统设计

在保护区管理中设计人员需要了解环境保护设计，也可称之为支撑系统设计。

1. 分区管理：平衡游客的活动和资源保护的强度与层次的分配。

2. 风险与安全管理：系统地识别、分析与控制游客面临的各种风险。如游客面临遭受生命危险的风险。

3. 控制＝行动：只有深思熟虑的行动才能降低可能的风险并限制其负面影响。

4. 供应管理：管理旅游供应或者游览机会，如增加可用空间或时间来提供更多的游憩利用机会。

5. 需求管理：对游憩利用需求进行管理，如通过限制停留时间、游览人数等。

6. 影响管理：对游憩利用产生的影响进行管理，如通过改变使用方式来减少负面影响。

7. 冲突管理：协调当地人的利益和游客思维权益。

第四节　海岛旅游开发设计

海洋旅游是指人们在一定的社会经济条件下，以海洋为旅游场所，以探险、观光、娱乐、运动、疗养为目的而进行的满足人们精神和物质需求的旅游活动形式。我国海洋面积辽阔，开发潜力很大，并且海洋空气中含有一定数量的碘、大量的氧、臭氧、碳酸钠和溴，灰尘极少，有利于人体健康，适于开展各种旅游活动。在海上旅行具有与陆地迥然不同的趣味，游客可在海上观看日出日落、开展划船、海水浴，以及各种体育和探险项目，如游泳、潜水、冲浪、钓鱼、驰帆、赛艇等。

21世纪是海洋世纪，海洋旅游业已经成为世界旅游业发展最快的子产业之一。海岛旅游作为海洋旅游的重要组成部分也迅速发展起来，因为海岛地区自然资源和人文资源具有得天独厚的优势性，一些海岛地区已经成为世界重要的旅游目的地。我国虽然拥有大、小岛屿7000多个，并且一些岛屿，如海南岛、普陀岛等已经成为最受欢迎的旅游目的地，但由于我国海岛旅游起步较晚，受旅游开发政策、资金、区域经济发展水平和消费需求等多方面因素影响，与世界海岛旅游开发较早、技术较成熟的国家相比尚有很大的差距，所以尚需学习借鉴其他国家开发海岛的经验，根据我国国情来"量体裁衣"，融合成符合我国国情的海岛旅游规划设计方案。

1. 运用生态的旅游理念

世界上许多环境优美、景色宜人、人与自然和谐相处的开发岛屿的成功案例，这些案例都在说明着一个道理——开发海岛需要运用可持续发展的战略和眼光。有学者指出，为实现海岛的生态平衡和资源的永续利用，运用景观生态的理论来研究海岛可持续发展具有很强的现实意义。想要让海岛实现可持续的发展就必须满足五个条件：良好的海岸管理、健康的生态系统、安全的旅游环境、高质量海滩环境以及合理的动植物保护政策。

当今世界，马尔代夫的生态旅游案例被当作世界热带海岛度假的典范作品。马尔代夫著名的"三低一高"的开发原则：低层建筑、低密度开发、低容量利用、高绿化率，就是为了保持原有的地貌特征，确保岛上脆弱的生态系统不会遭到旅游开发的破坏；再如其"四个一"的旅游开发模式：一座海岛只允许一个开发公司租赁使用、一座海岛只建设一个酒店、一座海岛强调一种建筑风格和文化内涵、一座海岛配备一套功能齐全的休闲娱乐设施和后勤服务。这种开发模式把开发对岛上生态的损害减少到了最小的限度，也能使游客感受到大自然的亲切，体会到休闲的享受。

又如，泰国的普吉岛，无论是在建筑还是绿化的过程中，都注重风格的统一与原生植被的保留；岛上规定车辆不许上山，而是采用缆车，建筑景点之间的交通也采用步行，从而避免了在山上修建车道而带来的对生态和山体的破坏。

所以，在开发海岛旅游业时，要时刻注重"生态、绿色、可持续发展"的理念，严格遵循可持续发展原则。要注重海岛上原有生态环境的保护，在建设过程中要因地制宜，不能轻易破坏原有地形、地貌与植被，建筑风格也要与岛上环境相协调。这也就是要求在规划设计海岛旅游开发的时候应该高度保护海岛自然资源和生物资源的多样性，避免侵害其本已脆弱的生态环境，严禁对海岛资源进行掠夺性开发，同时还要维持并创新发展独特的海岛文化，切实保证海岛旅游资源的永续利用性。

2. 特色突出

不同国家在开发海岛旅游资源时十分注重结合当地的特色,并尽量使其发展成为具有独特风格的海岛旅游精品。如美国夏威夷的特色是"打开心灵之门的草裙舞";韩国济州岛以世界上寄生火山最多和"瀛洲十景"而闻名遐迩;印度尼西亚巴厘岛以丰富多彩的食物、木雕、蜡染、油画、纺织、舞蹈和音乐使游人流连忘返,久久不能忘怀。这些国家和地区都提倡海岛旅游的开发应具有民族性、地方性和独创性。这里所说的"特色",不仅仅是指建筑风格、旅游项目等硬件方面,而且应表现在旅游区的管理方式、服务水平和文化氛围等软件方面。这些著名的海岛在规划设计上都强调对当地民俗文化的保护,在建筑风格上也做到尽可能与当地传统相吻合,在旅游开发过程中当地民俗和文化得到加强并可以成为一项特殊的旅游资源。如希腊的罗德岛、克里特岛等因其不同的人类文化景观资源成为世界著名海岛历史文化旅游胜地。

对于如何挖掘和开发海岛特色资源问题上,我们要注意三个方面:一方面,在海岛开发时要坚持"一岛一特色"的规划设计理念,充分发掘各地方的环境资源、风俗习惯、饮食文化、建筑风格等特点;另一方面,要注意各个岛屿之间的特色互补和协调发展,注重挖掘各个海岛的地区特色、资源优势以及文化内涵,使每个岛屿都具有其独特的旅游产品特色,从而交相辉映;此外,在海岛旅游的发展过程中,要满足风格各异的品位需求和不同档次的消费需求。根据海岛自然环境以及资源条件,统筹规划,突出海洋特色,充分利用海港、海水、野生动植物、岩石、沙滩以及海底生物资源,从空中、海面、海底多层次、多角度地深入挖掘海洋旅游资源,积极开发观光和休闲、度假旅游。如根据各个海岛的情况不同可以发展休闲渔业旅游、海岛科考游、探险游、海岛度假游、海岛房产游、海岛浅水游等。

海岛生态游可以规划设计的特色项目:

(1)海上生态游

海上风光与内陆风光大不相同,首先应围绕"海"字做文章,通过观海景、看海潮、听海涛、踏海浪、海水浴、登海岛、钓海鱼、采海贝、品海鲜、购海货等旅游活动,在不对生态环境产生破坏影响的前提下形成鲜明的旅游特色，并且可以增加海上运动型项目，如帆板、海上摩托艇、海上降落伞、海上垂钓、滑水冲浪等。其次可以发展既是海上旅游的交通工具又是海上住宿、饮食和娱乐的场所——海上游船。这样，游客在游船上既可以休闲娱乐还可以享受到观赏海滨风景的惬意。

（2）海岛度假游

休息、娱乐、运动、保养相结合是度假旅游发展的一个重要方向。海岛度假游是在传统的度假游的基础上，突出"生态、绿色"的核心内容。可开发的项目有：

① 水疗、水养和康乐配套项目。如泥瘦身、泥浴、泥疗等项目。

② 海钓鱼。海钓鱼被称为海上高尔夫，基本不影响自然环境，是一种生态型的休闲旅游运动。但此项运动对海水、礁石、鱼群等有特殊的要求。

③ 沙滩体育运动和海岛体育运动。以海滨度假村为基地可以开展的沙滩及近海的体育运动有：沙滩排球、沙滩足球、沙滩车、摩托艇、热气球、拖拽伞等。还可以因地制宜根据泥质的情况，开展新型休闲运动，如滑泥。此外，还可以设计开展海岛自行车、海岛探险、海岛极限运动等。

④ 海滩和海上娱乐活动。如沙雕、沙滩风筝、沙滩篝火、沙滩舞会等适合所有海滨沙滩的体验性活动。

（3）海岛渔村旅游

海岛生态渔村的开发应以渔业观赏、渔业劳作、渔村民俗、渔村商贸为主要内容，通过开发形成具有观光游览、生产加工、度假休闲、健身娱乐、文化商贸等多种功能的生态渔业旅游区。

（4）海岛文化旅游

根据各个海岛不同的情况，其文化旅游大体可以包括：宗教文化、建筑文化、渔文化、音乐戏曲文化、民俗文化、名人文化、博物馆文化、历史文化古迹、武侠文化、侨乡文化等。

3. 科学的管理体制和高质量的服务

虽然政府在海岛旅游的开发、管理体制和监管系统中扮演着重要的角色，但海岛的服务质量也是不可忽视的一部分。周到齐全的社会服务和人性化的管理是海岛旅游开发取得成功的必不可少的关键因素，不仅要在管理上井然有序，而且在服务上要做到细致周到。如墨西哥的坎昆旅游度假区的海滩上，时时变换着不同颜色的风球，黑球标示禁止下海，红球标示不宜下海或者需多加小心，黄球标示可以下海，这样就避免了一些游客由于不知道海潮的规律而盲目下海出现危险的情况发生。在规划设计海岛时，设计者可以考虑在海滩上每隔一段距离设置瞭望塔和相匹配的救生员，以及救生艇、救护车等硬件设施，随时准备救护；度假区内部可以设有方便外国游客兑换钱币的服务站，接受游客咨询和投诉的监督、咨询服务处等。如马尔代夫除了提供旅行社服务、住宿餐饮服务、交通运输服务等基本旅游服务外还提供旅游购物服务、休闲娱乐服务等。

此外，为了人员安全考虑，海岛应建立完善的海岛旅游减灾系统。减灾系统是由检测预警系统、防灾系统、抗灾系统、救灾系统和灾后修复系统等子系统组成。为了保障海岛旅游减灾系统的正常运行，在海岛旅游规划设计中还应着手建立海岛旅游灾害管理中心，并要制定含及防灾、抗灾、救助于一体的海岛安全减灾综合设计。

4. 连锁经营模式

国际上成功的海岛旅游发展都十分重视连锁经营的作用，尤其在当代旅游市场发展日趋个性化和散客化的形势下，连锁经营针对顾客各自不同的旅游消费需求，本着为客户全心全意服务的理念，无论是品牌、标志、产品，还是经营理念与市场推广方式均保持一致，是一种打破了传统的经营模式。注重通过人、财、物等全方位资源整合，以低成本扩张的方式，迅速壮大自己。

如世界著名度假品牌"地中海俱乐部"，每年的客户可达到160万人次。其将"一切在内"的度假概念扩展到最大限度，旅游度假服务内容包括往来路程、住宿、用餐、运动、娱乐等一价全包。在进行市场细分时更多地考虑到消费者的生活方式及其业余时间利用的变化趋势，使顾客可以以相对低廉的价格得到质量有保证的服务。这种模式不仅在服务方面与竞争对手形成了不同之处，而且压低成本保证收益，使旅游经营从旅游景点走向旅游综合服务整体。如今，由于地中海俱乐部的高知名度和美誉度，成为俱乐部的成员已经成为身份与地位的象征。

5. 品牌宣传

一个成功的海岛规划设计方案仅仅依靠海岛独特的自然资源背景和优越的地理位置条件是远远不够的，还需要有精心的策划和积极的宣传，从而树立起海岛的品牌。所以，要想让一个海岛具有品牌影响力，就应加强海岛旅游标志的设计、旅游景观视觉形象设计、宣传口号制订的方案。如泰国的海岛旅游业就十分注重旅游宣传，在各景区、景点推出大量精美画册、招贴画以及宣传泰国风土人情的视频。

打造国际性海岛旅游品牌，可以借鉴东南亚各国从建筑样式、壁饰壁画，到电视广告、灯箱广告和随处可见的精美旅游小册子等多渠道的促销宣传模式；还要重视电子商务的建设对海岛的宣传和推广作用，将网站建设成为海岛的宣传平台、预订平台、信息平台，这也是对海岛十分有效的一种宣传方式。

第五节　旅游地产

20 世纪 80 年代，房地产业开始走入市场并逐渐转化为商品，新兴的房地产行业炙手可热，逐渐成为各地经济发展的支柱性产业。中国的城市化进程就是在这一背景下推进的，但随着人类社会的不断发展，传统的房地产业越发显现出它的局限性，逐渐不能适应多元化的市场需求，由此，旅游地产应运而生。

引用中国房地产协会旅游地产研究课题小组专家蔡云女士的话："旅游地产的出现不仅仅解决了居住问题，它已经跳出了狭隘的圈子，把人们与休闲文化、文化消费结合起来，是房地产文化中的一个创新，一个提升。"旅游为商业地产提供市场支撑，以景点、娱乐、景观、接待等资源催旺人气，增加整个区域境内的地块和房产的价值，形成可持续升值的连锁效应。旅游地产有以下几类模式：

1. 旅游小镇模式

"旅游小镇"是一种以景区景点为依托，对周边区域进行成片综合开发的旅游综合体。相对一般的小镇，旅游小镇增加了影剧院、博物馆、特色酒店等一些旅游吸引要素。旅游小镇最好有 1 万左右的常住人口和两三万的流动人口，这样才能维持镇内的商业发展。但是，由于较大的商业风险和未突破的法律风险，旅游小镇处于缓慢发展阶段。

2. 高尔夫地产模式

高尔夫地产模式就是在球场附近设立高尔夫别墅和高尔夫会所。别墅是高端社区，会所代表有着酒店性质的服务性俱乐部。"社区＋酒店＋高尔夫球场"有时再加上周围的旅游点，这就是典型的旅游地产。一般高尔夫球场都设在地价相对较低的郊区。利用地块优良的环境及完善的设施来吸引人们前来购买其周边的别墅，使得地产不断增值，从而达到投资平衡的效果。

3. 商业休闲步行街模式

商业休闲步行街模式在城市较为普遍存在，它一是讲文化，二是讲主题。主题街其实就是旅游地产里面的一项内容，因为，各地区都希望将步行街变成一座城市的个性化标志，成为城市的地标性建筑。

这个模式并不是建造几个楼盘的简单问题，而是在十几平方千米的土地上应该怎样进行合理规划设计的专业问题。步行街的出现和商业房产、住宅房产的产生是密不可分的。有了人气，就有了购买力，就需要一条具有商业功能的步行街来满足人们的购物欲望和需求。而在设计步行街时，50%～60% 的房产会变成商业房产，这时就牵扯到了商业业态的选择问题。不同的商业形态需要不同的空间容量和区位位置，所以设计要基于对商业业态的研究，这也就使得步行街的设计变得极为复杂。

4. 水休闲加房地产开发模式

受中国传统思想"上善若水"影响，水都、水市、水休闲、温泉度假村成为人们向往的生活方式，水休息产业极具上升力，尤其是温泉市场。如在有温泉地块的附近开发几套用于度假的别墅，可以用来买卖和租住。这样因该地产毗邻温泉，又随着周边配套实施的齐全、道路交通网的建立，此地块将会迅速升值。

5. 田园模式

田园模式指在乡村开发地产的形式。乡村不仅仅是农民的乡村，也是城市人的乡村。当乡村具备优良的医疗、教育、休闲娱乐等功能的时候，社会就会开始逆城市化发展，也就是说人们又都想回到乡村去生活，这也就是欧洲国家总结的城市化进程的第三个阶段（counterurbanization）。此现象的产生，是因为在具有相等设施的条件下，相对城市而言，乡村可以提供一种悠闲的生活方式。也因为此种趋势，乡村的开发对旅游地产极具诱惑力。

6. 泰美乡居模式

这是远见机构自主创作的，"泰美乡居"也是上海远见旅游发展有限公司的注册商标。

泰是"泰然自若，安泰美好，美丽娴静"的意思。泰美乡居模式是以"异地养老、乡村度假、支持三农"为特色，主要针对有"消寒避暑、乡村度假"需求的老年消费者，提供乡村农具、住宿、饮食、游憩、换居、养老等一系列服务。同时，还可以促进农村经济的发展，提高农民收入，以实际行动响应国家"三农"政策。

当下中国养老设施数量少、功能单一，远不能满足广大老年人的需求。由此，专家指出：逐步建立符合老年人身心需求的、与其他养老方式配套衔接的养老服务体系实为今后养老的大趋势。泰美乡居旅游地产模式正是在此感召下而诞生的。

泰美乡居是集疗养、度假、游憩、饮食为一体的休闲方式，它不同于一般"农家乐"的发展趋势——短期出行且仓促劳累，不适合老年人身体素质；也不同于"乡村养老公寓"形式——以销售旅游房地产为主，需要巨额资金才能实现乡村生活的愿望。泰美乡居可以实现让中国的老年人只要花费千元就能享受到从容、祥和、健康的高品质晚年生活。

第六节　泰美乡居设计

1. 泰美乡居基地的选择要求

（1）温度条件：夏季室内最高温度不超过30℃，冬季最低温度不低于 10℃。

（2）区位条件：距离有航空点、列车站点的城市不超过 2 小时车程。

（3）支持条件：当地县（区）级政府有对口部门，且非常支持。

（4）游览条件：2 小时车程内有一定游憩资源，农居所在地具有明显的宜居特色。具有特色的文化沉淀、文化传承类节目。

（5）社会条件：民风相对淳朴、好客，治安条件良好。

（6）安全条件：无传染病隐患源和自然灾害历史。

（7）医疗条件：便利、安全的公共交通。

（8）现代科技：网络、电视、无线电话覆盖。

（9）生活条件：便利购物环境。

2. 泰美乡居在节能、节电、节水方面相关措施

（1）环保节能设计

节能设计要依据《民用建筑节能管理规定》（建设部令第 143 号)、《公共建设节能设计标准》(2005 年 7 月 1 日实施)、《夏热冬冷地区居住建筑节能设计标准》（JCJ134 - 2010)、《当前国家鼓励发展的节水设备（产品）目录》、《民用建筑节水标准》等法律法规。

景区内部要尽量使用环保型、可循环型、可降解的消费物品，避免各种白色污染。

（2）节电措施

本项目电能主要为公共设施用电，拟采取以下节电措施：

① 变电箱采用一体化产品。高压深入到负荷中心，将大截面低压线缆损耗降到最低。

② 在满足照明质量的要求下，选用高发光效能的光源和高效率的灯具，灯具的控制方法应和光电控制相结合的方式。

③ 配电尽可能做到三相平衡。

（3）节水措施

本项目用水主要有生活用水、绿化用水、景观用水以及道路喷洒用水，拟采取以下节水措施：

① 优化配置、高效利用水资源，大力提高水资源管理水平和水资源利用效率与效益，维护河流健康，推动社会经济全面协调。

② 所有建筑内拟选用最新的节能卫生洁具。自动开停和限时冲厕装置以及洗手水龙头。

③ 选用密封性能好、质量可靠的给水器具、阀门和水龙头。

④ 树立节水提示标志，培养游客节水节能的好习惯。

3. 泰美乡居安全防范救护措施

（1）设置明显的道路指示牌，标明道路服务设施、禁止游览区域等，并在险要地段设置防护栏和明显的危险警告；建立急救服务系统，如通信设施、救助中心；认真执行旅游、公安、交通等有关部门安全保卫制度。

（2）对旅游服务设施定期检查。

（3）对旅游景区服务人员进行上岗前的安全教育和安全知识的培训。

4. 泰美乡居景区卫生保健以及疾病防疫措施

（1）活动集中处设置垃圾箱，较大的广场设置 5～6 个，较小的设置 2～3 个。

（2）沿步行通道设置垃圾箱，间隔 50 米。垃圾箱要有专人每日清理。

（3）对游船，饮水、餐具等配套设备要定期消毒。

（4）建立积极救援体系，并配有相关的医疗设备、急救药物等救护设备。

（5）对人员进行紧急事件以及医疗建议设备使用的相关培训。

第七节　城市"客厅"设计

在一个城市里，人们普遍喜欢去的公共空间就可以称为"城市客厅"。城市客厅是把一个城市的历史、文化、精神等一些无形的元素聚集起来，并通过有形的人文景观的建造而展现出来，供人们欣赏和娱乐之用。如某一城市的中心广场，它就是"城市客厅"的一种形式，因为它标志着一个城市的气质和品位，直接可以反映出一个城市的生活品质。

从旅游角度来看，每个城市的城市客厅其实就是一个城市的旅游资源，其所具备的吸引力对城市的发展影响巨大，因为一个城市的市中心建设往往会直接影响到游客对这个城市的第一印象。从商业角度出发，城市客厅就是城市的商业综合体，它包括餐饮业、演艺业、娱乐业等众多商业业态，是市民及游客休闲消费的必去之地。

一、城市客厅的设计要求

建设一个城市客厅需要具备两个条件：第一，要有对雄厚资金的整合能力；第二，要有优秀的投资团队的支持。在一个低地价并且受政府支持的地块开发设计城市客厅是不可能失败的。随着中国城市化进程的快速发展，城市客厅的建设对企业而言是充满市场前景的领域，也是社会发展需求最大的环节之一。

任何一个城市客厅的设计都是在设计人员的合理决策下孵化出来的，它不仅仅是对单纯某个业态的设计，而是一种复合性产品的设计。这对设计师而言是充满挑战和吸引力的领域，要求其对所学的知识进行跨学科综合设计，并根据庞大的市场需求将之更进一步深化。

此外，城市客厅还要尽量做到把当地文化发扬光大，并运用当地的文化资源创造一定的商业价值。文化具有欣赏性和分享性，是无形的空间语言，赋予城市客厅以生命。随着经济的发展和人民生活水平的提高，广场文化日益成为城市文化中最活跃的娱乐和休闲方式，丰富多彩的广场文化为城市增添了青春与活力，同时也彰显了地方的特色。如位于江西的滕王阁项目，是在唐代诗人、文学家王勃写了《滕王阁序》之后才设立的。项目的设计方案是在滕王阁区域不远处建设7层楼的住宅区，激活了该片区域的商业价值。项目创意之一是设计一个类似于交通岛功能的王勃纪念台，就像西安的钟鼓楼一样，围绕纪念台形成一个街心花园。街心花园中规划500平方米以上的平台式建筑，由王勃的铜像开始，引领江西的历代名人的铜像依次在建筑外排列。使王勃纪念台与滕王阁构成呼应，将王勃的精神形象以一种全新的方式展现出来。

二、城市客厅的意义

人的一生中会花去30%左右的时间在城市客厅进行购物、娱乐、健身等活动，但城市客厅对城市的意义和作用远远大于 30%。

其一，城市客厅是城市的形象所在，标志着城市的等级和水准。其二，城市客厅是持续的税收发动机，在通货膨胀形势下，只要城市客厅作为城市的商业综合体不倒闭，就会为政府的成长提供源源不断的税收资源。其三，城市客厅意味着可以带动一些富有成长力的投资企业。首先便是建筑商会对城市客厅进行投资建设，之后一些著名的餐饮、服装等品牌就会投资驻入城市客厅，开展商业活动。所以说，城市客厅就是把城市里面杰出的资源吸纳并积聚，并使得大量的资本流入。

第八章　旅游设计理论实践的综合讲座
——远见讲坛

第一节　远见讲坛简介

自 1999 年公司成立之日起，远见团队一直致力于建立一个交流的平台，可供业界专家、学者和各级政府就旅游行业的应用技术层面进行学术交流和思想碰撞。秉承着"传播应用技术，搭建学术平台"的理念，2001 年 10 月 27 日，首届"远见讲坛"在宁波成功举办，并得到了政府的大力支持和业界人士的广泛认可。随着第一期"远见讲坛"的名声大振，第二期、第三期、第四期……也相继在浙江范围内圆满落幕。伴随着"远见讲坛"在浙江的巨大成功，初期的远见公司就已得到了政府和业界知名专家的首肯，并为其以后的业务拓展、商业洽谈和项目竞标奠定了坚实的基础。

远见公司一步一个脚印，不断发展壮大，迄今其主办的"远见讲坛"不仅在浙江地区家喻户晓，也在陕西、河南、广西、海南、四川、云南、甘肃等地相继成功举办，形成了全国各地"远见讲坛"百花齐放的学术氛围。此外，全国各大知名高校和各地政府机构也积极邀请"远见讲坛"进驻讲座，从而奠定了"远见讲坛"不仅是应用技术的学术交流平台，还是旅游行业中"传道、授业、解惑"的良师益友。

随着 2013 年新年钟声的敲响，"远见讲坛"在远见公司蓬勃发展、蒸蒸日上的大前提下，又进入了一个历史性的阶段。远见公司现拥有分布在全国各地的 16 家子公司，专业从业人员 500 人，丰富的经验、过硬的技术以及和政府、社会各界的良好合作关系都为"远见讲坛"的升级和优化，成长和蜕变提供了有利条件。"远见讲坛"正以一种更多元化的讲坛方式、更具实战性的技术理论、更具有前沿性的趋势分析和更高、更深层次的对中国旅游界热点、难点问题的解析，为"推动中国旅游强国"的目标而奋斗着。

从 2001 年的呱呱坠地到 2014 年的身强力壮，"远见讲坛"经历了 14 年的艰辛和辉煌，在全国范围内举办了 30 多场讲座。如今"远见讲坛"已形成了其独特的风格，聚集了国内外旅游业的专家教授，打通了实践与理论相沟通的渠道，传播了新理论、新技术和新思想，在旅游行业扮演着重要的学术平台的角色。

第二节　远见讲坛节录

本节择录其中几篇"远见讲坛"的讲座，以供参考。

例一：名人故里型景区的旅游开发策略——以奉化溪口旅游发展为例

序：本文选自 2001 年 10 月 27 日在宁波甬港饭店举行的首届"远见论坛"中袁健的专题演讲。来自旅游界专家，景区、旅行社老总等 60 多位旅游界人士在论坛上进行了深层次的交流。

名人故里型景区的开发有多方面的综合因素，下面结合奉化溪口谈四个方面的内容：名人故里型景区的共性和分类、名人故里型景区的开发策略、对溪口旅游 10 年来发展的回顾与分析、溪口旅游今后发展的战略思考。

（一）名人故里型景区的共性和分类

名人故里型景区有一些显著的共性，如景区知名度与名人知名度的关联，名人所具有的特定的历史局限性，景区景观氛围受社区现状的高度影响，景区产权关系的复杂性，景区相对有限的客容量，名人文化的符号化和公众文化性，名人荟萃现象，名人文化与其他旅游资源的相互依存性，等等。

名人故里型景区可从三大标准来进行分类，一是按名人所享受的社会领域，有政治、军事类，蒋氏故里就基本上属于这一类；有科学、文化类，有宗教、神话类等。二是按年代划分，如远古、古代、近现代和当代等。三是按名人的知名度等级划分，有地方、区域、国家、民族、世界等各个级别。我们把三大标准分别设定为 X 轴、Y 轴、Z 轴，建立一个坐标系，把所要考察的名人放置进去，就能对每个名人给出一个恰当、适度和科学的定位。

（二）名人故里型景区的开发策略

第一，进行名人"喜好"的立体挖掘。旅客关注的是名人的生活模式、生活喜好等，这是俗文化的一块，也是一般游客最喜闻乐见的一种文化。而雅文化则要上升到名人的思想、精神、社会历史时期的影响等，在整个开发过程中应着重挖掘雅文化并进行俗文化的挖掘。第二，在一些标志性的场景上定格历史片段。蒋氏故里在回避一定的政治敏感的同时将部分历史片段恢复并重新展示出来，能使溪口旅游资源得到很大程度的丰满，这也是最有价值的东西。第三，妥善解决好社区发展和文化氛围保护的关系，二者必须有所取舍，在把握好度的问题的同时某些氛围方面就应该保留一些。第四，适度开发。在"量明"之后进行适度商业化，"巧妙"文物化。第五，进行无性资产的生产。在对名人故里型景区开发的时候，一定要上升到一个现代企业经营的概念上去。进行无性资产的扩张和积累，从资产概念上进行科学化、系统化、战略化的运作。

（三）对溪口旅游 10 年来的回顾与分析

可以从它的经验与不足两方面看。经验有三点，一是政府指导型战略的大力推进。"九五"期间溪口是一个有战略推进的时期，溪口旅游的发展有它特殊的难度，能争取到溪口旅游景区成为国家级风景区，且丰镐房作为全国文物保护单位，这是政府很多积极努力的结果。溪口旅游集团的成立反映了政府指导战略的强力推进的作用，没有政府的支持是完不成的。二是大视野、大网络的公共关系的定位。三是应是扎扎实实地拓展。从一些数据统计上看，1990 年溪口接待游客数是 84 万人次，2000 年是 209 万人次。10 年中，每年两位数的递增率跳跃发展。溪口海外游客接待数由 1990 年的 0.4 万人次上升到 2000 年的 1.1 万人次。由此，溪口成为宁波的第一旅游品牌，来宁波的人有 50% 是去溪口，并把溪口作为一个地标性的旅游景点。不足方面：首先是迄今为止尚无一个到位的战略规划，有一部分规划做了，但战略和理念有一些缺位，长线发挥的大决策有待明确。其次是开发管理有待升级，应杜绝索道工程的孤立上马、儒商经济园的招商炒作及景区饭店的分散化、无序化等失误的发生。

（四）溪口旅游今后发展的战略思考

溪口旅游必须着眼于世界，努力走好五步棋。第一步是溪口在前 20 年有了长足的发展，但到目前为止还没有一个如何面对世界、面对国外游客的很清晰、很明确的战略；这一点是在溪口旅游战略上首先要进行的一步。第二步是要进行品牌延伸。研究故里名人，挖掘其文化内涵；第三步是政治挂帅。两岸统一是中国人民依然面临的历史使命，在这一点上溪口可以做一些很特殊且别人无法替代的、具有战略意义和国家意义的事件。第四步是人才为本战略，溪口旅游集团、溪口旅游业的发展想要有一个大的提升，必须有一个人才团队。第五步是以务实的态度实施"产品——市场"战略。包括"现有产品"对"现有市场"的市场渗透、"现有产品"对"新的市场"开发、"现有产品"对"新的市场"的产品发展和"新的市场"对"新的市场"的多角化经营四个方面。

例二：产品导向与市场导向：旅游开发中的两难选择？

序：本文选自 2002 年 4 月 11 日刊登在《江南旅游报》上第五期远见讲坛的袁健专题讲座。本次讲坛应读者的要求，再一次将目光定格远见旅研，聚集于它不断创新和发展之路中所留下的闪亮足迹。

对旅游开发工作而言，产品与市场的战略选择一直是一个值得思考和探索的话题。传统的规划导向一般有两种，一种是产品导向（也即资源导向）。另一种是市场导向（也即客源导向）。在过去很长一段时间的规划业务操作中，资源导向一直占据主导地位，这种模式侧重依托资源本身，比如有一道瀑布，就会想到开发水资源；有一座山，就离不开对山体的保护和开发。而市场导向则是与资源导向相对应提出的一种开发模式，它强调市场需求，注重分析客源，市场需要什么就开发适销对路的产品。在今天，市场导向的模式一路凯歌高奏，得到大多数人的青睐。然而，在实际的规划开发实践中，我们却发现，片面的强调产品导向或是市场导向都未免失之偏颇，市场导向并非通行无阻，资源导向也不一定是落伍的思路。

我们认为，产品与市场从本质上来讲，是一种二元耦合的关系。作为旅游开发战略中的一对核心矛盾，两者是互相干扰、互相限定、互相培育、不可侵害的正负极关系，始终处于一种动态的平衡之中。之所以没有完全肯定市场的主导性地位，这是由旅游行业和旅游产品的特殊性与复杂性所决定的。在"大旅游"的概念下，旅游产业实际上是由多个行业中的一个或者多个相关方面组合而成的产业群，旅游业在其中起串联和组织作用，处于这个产业群的核心，旅游业的产品和市场切割和渗透到了多个不同行业的资源。从旅游产品性质分析，它是一个复杂的组合，并且很具有弹性。打个比方，对于一件陶瓷，消费者可以重复购买 10 次，但旅游产品永远无法全面定模式，因为它包含着许多可变因子：构成旅游产品的重要成分在变，秋季与夏季的景观不同，晴天跟雨天也会相差甚远。因此，旅游产品中有许多软性的部分，它始终在不断地演化之中。同时，市场也是在不断变化之中，不仅游客结构在不断变动，游客对价格的承受能力、对环境的感知能力也是在不断地变化。所以，就战略而言，单一的产品导向或市场导向选择都是不可取的，必须将两者放在一起考虑，因时因地，以一定的比例加以搭配重组，平等选择，动态运作。

在实际操作中，不同的模式应该取决于不同的发展条件。选择产品导向这种模式，多出于景观奇绝、人文奇特、旅游资源丰富的景区，这些地方在开发初期一般人迹罕至、交通不便，保存了较好的原始风貌。其距离客源市场较远，可进入性较差，但由于资源非常吸引人，当地政府又将旅游作为重点发展方向，投入基础设施建设，改善接待条件，经过几年、十几年甚至更长时间的努力开发，使之成为闻名天下的旅游胜地。旅游产业的发展带动了当地其他产业的进步，从而形成主导产业。国内的张家界、九寨沟、丽江都属于这种模式。市场导向型，一般来讲是原有的自然和人文资源，但比较接近客源市场，多为政治、经济和文化中心城市或口岸城市，可进入性较好，每年都有大批的旅游者，维持着相当的客流量。在这些地方相应发展各种游乐、休闲设施和人造景观，根据市场来设计旅游产品才能获得成功。这就是为什么中国旅游业发展30多年来，旅游者最多，旅游收入最高的城市不是桂林、西安，而是上海、广州、深圳等城市。当然，资源导向型与客源导向型也不是完全对立的，例如北京，兼有首都的地位和长城、故宫等名闻世界的优越资源，北京的旅游业可说是两种模式的结合。

采取哪种模式不仅仅是景区开发的一种战略选择，也是一种战术的运用，即产品与市场这样二元耦合的组成可以多层次去应用。旅游产品的营销相对于别的商品而言有其特殊性，当把产品投放到市场中去，其市场过程呈现的是同心圆递减的形式，时间成本与交通成本影响了利润的最大化。然而，虽然旅游主体产品在地理空间上不可搬移，但其服务和对产品的感知却是可以延伸的。比如说千岛湖，在开发其老年市场时，可以与南京养生堂、老年人俱乐部等实体合作，在推广老年养生理念的同时也大大促销了产品本身，这其实是一个培养市场的过程，不是单纯的市场导向，也并非单纯的资源导向。从这个意义上说，产品导向与市场导向就并不对立，也不是一个两难的选择。两者就好比一辆汽车的前后轮，在具体进行中，可以设计成是前轮推动，也可以是后轮推动。

撇开对生态环境的保护规划不谈，旅游规划从某种角度看完全是一项复杂系统的商业策划。在对客体的设计流程中，如果将产品与市场的关系看成二元耦合式的，那么未来就诞生在不断的创新过程中，正如索尼公司一直所追求的那样，市场是创造出来的而不是调查出来的。在旅游规划实践中，只有不断地扬弃传统战略，到潜在的市场里去寻求创新，这样的规划才有生命，这样的规划师才可以永远站在行业前沿。

例三：县域旅游拳头产品开发打造的实用思考

导读：本文为2007年10月应浙江丽水市旅游局的邀请，向丽水市各县市区分管旅游的县、市长以及旅游局长等60余人所做的讲座（录音整理，有删减）。

（一）第三只眼看丽水

1. 丽水的生态气候：光说"好"是没有用的

不管从哪个角度看，丽水的生态气候都是浙江地区最好的，因为它具备三个条件——山多、人少、破坏小。但是光说好是没有用的，在整个旅游市场竞争格局中，丽水与福建、安徽黄山等地没有任何实质上的差别。只有深入挖掘与其他城市不一样的特别之处，才能在区域品牌识别中发挥丽水的优势。

2. 丽水的旅游资源："多"则易生迷乱

丽水以山水景观著称，拥有丰富的旅游资源，一方面为丽水的旅游发展奠定了基础；而另一方面却容易导致迷乱，从而形成相互竞争挤压。例如，现今丽水地区一些山溪、森林、度假村的开发，具有相当大的雷同性，在开发的过程中无法形成一种互补关系，反而产生了一种竞争关系。

3. 丽水的社会经济："欠发达"不是筐

在浙江人的观念中，丽水市的经济发展水平是"欠发达"。但是"欠发达"不是筐，不应该把有些问题的发展都装进去。从社会经济角度看，旅游确实与社会经济发展密切相关，但旅游是水平分工而不是垂直分工的。所以并不是哪个地区的经济发达，它就占领了旅游的制高点。当然，客观地讲，旅游也不能完全解决当地社会经济发展的诸多问题。

（二）县域旅游产品谋新局

否定原来的思维惯性，突破原先的见解局限，重新谋划发展方向。

1. 景宁——山哈秘境

景宁旅游通过民俗、婚庆等开发阶段，始终还是停留在寻找景区性的旅游资源上。景区性的旅游在初期确实能够拉动门票经济，但是这种方式恰恰把大景宁的吸引力越做越浅。现阶段，景宁开发的旅游产品并不能满足市场的需求，然而市场最需要的旅游产品由于理念上的原因，景宁并没有涉及开发。如何来做大景宁？可以从偏远的山区村落开始，具备幽远、僻静特点的村落特别吻合旅游先驱者们的品位。这些先驱者往往是市场的开拓者，也是高消费人群。如何开发和组织可以满足这类群体的旅游市场，是景宁要认真思考的问题，可以说，景宁旅游发展道路任重而道远。

2. 云和——木玩的漫步云端

对于云和旅游而言，木玩玩具具有良好的发展基础。云和木玩可以将云和的地方吸引力、地方品牌和地方的商业发展巧妙地结合在一起，结合云和原有的旅游资源和木玩产品在耦合、匹配上开拓新的思维，把云和这一品牌扩展到长三角甚至全中国。木玩是云和旅游的调料，可以改变云和旅游的整体味道。

3. 龙泉——宝剑赠英雄

宝剑大多时候给人的联想和文化意向就是"正气"、"胆识"，是一种具有英雄侠义感觉的产品。这类产品是社会精神消费最需要的东西。从宝剑赠英雄的角度出发去奋斗，可能不到 5 年，龙泉在中国的知名度就会超过丽水，成为龙泉旅游产业的引导。

4. 遂昌——金山银山

相对于浙江其他的县域，遂昌拥有独一无二的金山。如果放弃金山就等于放弃遂昌的个性。将遂昌金矿旅游打造成遂昌旅游的主产品，再加上周边良好的山水资源为配景，遂昌一定能成为个性旅游、乡村旅游的典范。

5. 莲都——瓯江画廊

瓯江从丽水孕育而出，清澈见底，源远流长。有别于温州境内的瓯江之浩渺，丽水境内的瓯江更多了几分平稳和内敛。对于瓯江源而言，最高的定位就是画廊，莲都要保持瓯江的立面，保持它的远景，保持它每条廊道上的视线的画面感。利用瓯江的品牌和温州的知名度带动丽水的旅游发展。

6. 青田——石艺侨乡

发展到现今，人类已经经历了从物质匮乏到物质丰富再到物质过剩的时代，人们整体的消费观已经从满足于生活必需品的消费，转向字画、古董、养生等情趣消费上。丽水是生产雅趣产品和精神产品较多的地方，这与宁波、温州相比有明显的差异性，所以青田石雕不管从旅游角度还是艺术角度，都具有很大的发展潜力。

（三）市域旅游的创新出拳

1. 休闲农业

不管是法国还是英国，从 18 世纪甚至更早以前，休闲农业的萌芽到乡村旅游的蓬勃发展，都是在经历乡村农业经济衰退后开始的。所以，乡村旅游起源于城市化之后的农业经济的衰退时期。在这一背景下，各国政府都在为乡村的发展寻找新的出路。目前，中国的城市化率已经接近50%，真正离开土地的人口越发的都市化，就越发对乡村的休闲生活产生向往之情。

丽水拥有将近99%的田园空间，这种类型在后续的概念中将变成国家更加器重的一种价值，是"三生农业"（农业生产、农村生活、田园生态）的最大转换，而这种转化带来的结果之一就是农产品的直销。农产品最有效和最优秀的方式就是直销。当农产品有1/3达到直销时，农产品的价格、农产品的旅游设计体系、农产品的品牌概念就全部变更了。农产品直销，农民变成服务者，那么丽水所有的田园环境就变成了景区。这样丽水将从过去的门票经济走向服务经济。

2. 自驾游

自驾游是自助旅游的一种类型，是有别于传统的参团旅游的一种新的旅游形式。其有两个特点：一是线性逗留，二是高购物指数。线性逗留是传统的景区概念所无法满足的，对于一个自驾游的人来说，他喜欢开车到各个地方溜达，完全具备不确定性。针对这类游客，景区应该做什么？

（1）设置道路指导标志系统

因为导识系统能够引导自驾游客进入某一区域内。在丽水的道路体系上可以每隔20～40千米建立导识系统，并在一些交通要道上赠送免费的交通游览图，吸引游客的注意。

（2）销售一些便于携带的土产

自驾游客一般具有较高的消费能力，并且对地方性的土特产怀有极大兴趣，如果在交通道路上的一些停车站或休息点销售土特产，就能取得良好的农产品直销效果。

（3）加强服务点的建设

服务点是融合具备休闲、餐饮为一体的地方，其最好的发展方向就是农家。将农家开放化，建设成为都市人的农村而非农民的农村，加入一些现代时尚的商业因素，仔细分析自驾游客市场并为自驾游游客做精准的服务。

3. 瓯江流域

就目前而言，中西部地区作为中远程市场正在如火如荼地朝浙江地区发展。温州，中远程市场的门户，在全国具有较高的知名度，而瓯江流域对丽水的最大贡献，就是直接和温州一河相承。中远程市场的出省旅游一般是以都市为关联而往下延伸，由温州的知名度作为浙南旅游的引子，将丽水的旅游产品调整成为浙南的整体旅游产品，对于丽水的空间发展是一种新的思路。

4. 区域品牌：长三角养生基地

为什么要从养生的角度考虑丽水的旅游？因为旅游的时间越短，丽水的旅游产品越会暴露出其缺点。丽水虽有成片的好山好水，却始终无法与九寨沟、张家界等地相比。丽水越是偏远，旅游耗时越长，就越要往由"休闲度假"养生旅游方向发展。

丽水旅游的养生概念从琴棋书画到艺术欣赏都能包容进去。在这种包容下，丽水的山珍、药材、生态气候、好山好水都能变成发展养生基地的强大优势。丽水可以将养生基地及养生产品注册成一系列的品牌，就像大连注册了"浪漫之都"一样，从大旅游、大休闲的角度为丽水在大的方向性谋略上导入新的局面。

例四：天心核心竞争力之顶层设计

序：本文节选自2012年4月在长沙天心区中心组学习扩大会议上作者的演讲，长沙市各级领导100多人出席了此次讲座（录音整理，有删减）。

（一）CED和设计之都的缘起

"顶层设计"是将处于下位的设计在上位规划制定之前先给予设计充分的关注与思考，是从设计先于规划的角度来重新思考规划与设计。将设计主要理解为：眼光，理念，创意与决断。在以"顶层设计"角度确定决策之后，再进行体系性规划，分项分类设计，包括要从创造性的体系规划方面按照"设计"来执行，这就构成了设计规划再设计的一个循环推动，这也是提出"顶层设计"的意图所在。

湖南长沙天心区在当前大环境下提出CED这个目标是颇有远见卓识和魄力的。CBD是为大家所熟悉的"中央商务区"（Central Business District）的简称。

而从 CBD 转换到 CED（The World Centre of Excellence for Destinations），则标志着从商务走向了商务结合休闲的城市功能转变，也就是说在一种轻松休闲的气氛中进行商务活动，同时也营造了一种文化意象和旅游吸引物。"顶层设计"换而言之就是高端决策，是战略的选择，也是在这种决策下如何来理解"设计之都"和 CED 的问题。

天心区在当前大环境下提出 CED 这个目标是颇有远见卓识和魄力的。天心区的太平街及省府中心这一块，是城市乃至湖南省的政治中心所在，是城市历史文化的一个载体。南部的待开发区域，对于整个天心区及至城市网格化的创建以及经济的再开发起着重要的作用。所以，"文化政治经济的未来所在"是对天心区的一个基础判断。因为是"文化政治经济的未来所在"，所以也是城心所在，它就变成了城市的核心、湖湘之心、湖湘的文化之心、湖湘区域之心，然后成为湖湘的未来之心。这里所讲的"核心"是一个城市思想、理念和引领未来的一种核心。

天心区一是要把精神层面的东西发掘出来，让历史活起来，使当年的历史文化名城更生动。二是要继续把酒吧一条街、演艺产业等一些娱乐项目做得更深更好，这样才能使 CED 的功能在天心区得到充分的体现。

如果要从 CED 的角度发展，天心区就要做机制上的设计、载体上的设计、业态上的设计、人才上的设计和活动上的设计。而这些又都是为顶层决策的展开来安排的。

规划属于长远的战略的上对下的管制，而设计是创意的、执行的、落地的、产品化的、市场的、平等的。任何产业的前端都离不开设计，当一个产业发展成熟的时候，会分化出 3% 的人专门做产品的研发和产品的设计。而研发和设计是产业、行业经济起飞的时候微笑曲线的一端，另一端是营销与物流，中间的下凹部分是制造。

天心区提出要打造"设计之都"这个概念可以从以下五个方面展开：一是文化旅游设计；二是演艺与影视创作；三是广告创意设计；四是城市规划、建筑设计、景观设计、园林设计等含有更多的专业性的设计；五是工业设计。因为产品制造的前端都需要有产品的工艺设计，所以后端的产业链就推动了前端的设计，而前端的设计也拉动了后端的产业链。天心区能否把微笑曲线上翘的两边嘴角自己做起来，这就意味着天心区的产业基础能否带动新的产业链升级和转型。

人们常说"文化为魂，旅游为体"。景区、景点、服务等都是属于文化旅游的一种表达，这种表达人们可以体验和感受，所以它是一个体验性产品。工业设计和工程设计不是体验性产品，它们是服务后面的工业制造链或者是工程施工链；广告设计是服务后面的传播产业链；演艺设计、影视设计是可以生产出体验性产品的。打造"设计之都"是个很宽大的概念，我们需要做的就是在不同的设计类型里面做很多细微的选择。而选择就意味着需要运用高端决策，也就是顶层设计的理论。

（二）天心区使命分析

天心区的优势可以总结成四个支撑：一是文化支撑，长沙市是历史文化名城；二是区位支撑，从刚一开始就明确了要把天心阁旅游功能区作为一个大功能区来规划；三是产业支撑，现在有长、株、潭的工业，有整个湖南省的工业在长沙的前端支持，第三产业也是有基础的，金融和信息现在是天心区的战略选择；四是园区支撑，天心区的文化产业园已经得到了国家的批准。

然而，天心区的发展仍存在着一些弊端。其一，天心区的产业仍然处于低质化阶段，缺乏有带动力的龙头企业，缺乏有核心竞争力的优势行业，缺乏有高附加值的先进产业。其二，在构建"娱乐之都"的问题上仍存在着诸多问题。一是产品的种类单一，难以满足不同文化品位消费者的需求；二是"娱乐之都"的定位与厚重的湘楚文化之间存在冲突和矛盾；三是娱乐产业分散经营的现状与扩大产业规模的迫切需求之间存在巨大的差距；四是娱乐产业的人才体系构建及娱乐产品需要不断创新的挑战与压力。

天心区的优势是其他省会城市都不具备的，但与此同时，天心区又要进行提升发展，所以就需要有 CED 和"设计之都"的新的战略安排。

由此，天心区的四大使命可以被简单的概括为：1. 产业转型。2. 第三产业高点。3. 城市形象突围。4. 城市格局优化。从这四个角度的使命，从顶层设计出发，就如何作为城心定位的一种复合发展的任务，最终实现 CED 和"设计之都"的构想的问题。

（三）可行性解读

发展天心区不仅要分析现状，还需要我们关注机遇的选择。在当今的商业发展形势下，有时并不能单纯依靠目前的基础进行延伸分析，而是需要对整个行业进行长远判断，在形成一种更为战略的眼光之后，回过头来抓住机遇迎接挑战。

CED 可以打通天心区新兴产业和休闲产业的融合渠道。设计之都是新兴产业，而 CED 是旅游休闲产业，通过寻找二者之间的关键环节将这两个好像不关联的题材结合在一起。CED 创造了高端企业落户天心区的条件，而对于高端企业而言，高端人才的存在是至关重要的。如果说园区没有很好的 CED 战略选择，高端人才必定会在短时间内流失，那么高端企业的落户就会沦为候鸟，这对于天心区的发展定会造成不良的影响。所以，引进高端人才并防止其流失将成为 CED 和设计之都这两者之间的关键环节。

从产业发展分析，由具有龙头地位的设计师作为园区的先锋部队，在行业内建立起自己的企业，完成"从一到多"的扩散效应，形成有雏形的设计产业链。从顶层设计角度分析，这个"顶层"的特点是，它是一个行业的上层产业，是人才环境的特区，是活跃厚重的文化资本。一方面要活跃，站在时代的前沿；另一方面要厚重，拥有文化的底蕴。长沙作为历史文化名城，其深厚的湘湖文化是历史留给天心区的财富。而今，天心区所拥有的演艺吧、酒吧，这些都是活跃的体现。所以，承载着厚重与活跃的天心区具备上升的潜力。

天心区要对今后的发展方向有较为清晰的认识。对于老城这一板块，就是要对酒吧和演艺事业进行一些创新性的提升发展。对中间软性的人力资源体系以及企业的税收贡献，导入一些新的理念和想法。对于新区板块、天心阁和火车头这片区域，需要对空间进行好的整合。因为该区域既有现代的新核心特点，又有众多待开发的空间。南部的两型园区，要从工业制造走向工业设计，将一些创造性的第三产业在园区中孵化，让两型园区自然而然地融入工业特色设计。

（四）顶层设计之天心区

设计孵化创业精神，只有文化的大包容才能成就前沿的设计，所以天心区的设计不能单作视觉景观，更要展现一种文化精神，要敢为人先。

　　首先，天心区园区的设计要从 CED 角度出发，充分考虑设计师的需求。设计师在进行产品设计的过程中，需要一种具有休闲概念的开放式环境。新加坡的城市规划中有 70% 的绿化都是乔木加草地。而在天心区的规划中，大多使用的是花坛。这就意味着一种城市观念的不同，花坛意味着人不要踩进去，而草地意味着任何人都可以走进去进行娱乐活动。在湘江带以及下一步的城市高端设计中，天心区要把所有可以开放的空间都利用起来，这样一个城市才会越来越具吸引力。

　　其次，天心区的空间规划可以采用新的设计理念，因为设计理念是设计师在空间作品构思过程中所确立的主导思想，它可以赋予作品更多的文化内涵和形成与众不同的风格特点。好的设计理念不仅是设计的精髓所在，更能令作品具有个性化、专业化和与众不同的效果。在发达国家，每一个优秀的主体建筑设计当中，都会包含着一个很合理的停车空间的设计。因为没有停车的空间，商务休闲就没有办法落脚。所以在考虑天心区金融中心以及其板块设计过程中，要考虑采用什么样形式的停车空间，是地面停车场还是地下停车场或者是停车房，这就是设计理念所在。

　　再次，如何能让与众不同和个性化落户天心区？以酒吧街为例，现今国内普遍存在的酒吧街多数只是对原有空间上的竖向开发，而不是专门为酒吧产业服务的酒吧街，这种设计在很大层面上会造成发展的局限，无法发挥酒吧作为创意发动机的作用。所以，天心区酒吧街的设计应该要达到一种张扬的特性，从"邂逅"、"激情"的角度让人与人之间更亲近，让人们释放自我。这样，它就可以成为旅游景点，成为天心区创意产业的摇篮。

　　最后，天心区在进行业态的选择时，应该考虑如何对业态进行更为恰当的定位，如何将旅游休闲的理念融入业态的建设中。因为赋有旅游休闲概念的生活方式，才是人类的向往之地。

　　设计就是核心竞争力，在 CED 和设计之都建设时，要把设计的蓝图变成信仰。只有具备这种精神，才会有满怀一腔热血的设计师投身到天心区的发展中。

参考文献

［1］广东科学中心筹建办公室．广东科学中心展项目工程规范．2005.

［2］赵利华．规划展览馆布展设计的初探［J］．建设科技，2011（8）.

［3］乔宇静，胡文君．马尔代夫旅游模式对海南省国际旅游岛建设的启示［J］．热带农业工程，2009，33（6）.

［4］杨洁，李悦铮．国外海岛旅游开发经验对我国海岛旅游开发的启示［J］．海洋开发与管理，2009，26（1）.

［5］王树欣，张耀光．国外海岛旅游开放经验对我国的启示［J］．海洋开发与管理，2008（11）.

［6］刘家喜，谢兴宝．基于季节性特征考虑的旅游度假区规划策略探讨［N］．武汉大学学报，2004（2）.

［7］周建明．旅游度假区的发展趋势与规划特点［J］．国外城市规划期刊，2003年第18（1）.

［8］邢铭．旅游度假区规划的若干问题［J］．旅游学刊，1995（1）.

［9］谢兆元．国内旅游消费市场分析及发展对策［J］．财经漫笔，2007（3）.

［10］徐英，张哲．区域旅游发展竞合的STC三维分析［J］．商业时代期刊，2001（11）.

［11］梁艺桦，杨新军．区域旅游竞合博弈分析［J］．地理与地理信息科学期刊，2005（2）.

［12］李翠微．谈旅游介体的双重角色［N］．吉林省经济管理干部学院学

报，2010. 24（1）.

[13] 束晨阳. 旅游度假区规划的思考［J］. 中国园林期刊，1996，12（3）.

[14] 张广瑞，刘德谦，宋瑞. 2011 年中国旅游分析发展与预测［M］. 社会科学文献出版社，2011.

[15] 园林基本术语标准（CJJ/T 91 – 2002）［M］. 北京：中国建筑工业出版社，2002.

[16] 中华人民共和国城乡规划法［M］. 北京：法律出版社，2007.

[17] 刘纯青. 市域绿地系统规划研究［D］. 南京林业大学博士论文，2008.

[18] 城市绿地分类标准（CJJ/T 85 – 2002）［M］. 北京：中国建筑工业出版社，2002.

[19] 高原荣重. 城市绿地规划［M］. 北京：中国建筑工业出版社，1983.

[20] 比特·霍尔. 邹德慈，金经元，译. 城市与区域规划［M］. 北京：中国建筑工业出版社，1983.

[21] 崔功豪，王兴平. 当地区域规划导论［M］. 南京：东南大学出版社，2006.

[22]（美）弗雷德里克·斯塔纳. 周年兴，李小凌，俞孔坚，等，译. 生命的景观——景观规划的生态学途径［M］. 北京：中国建筑工业出版社，2004.

[23] 夏祖华，黄伟康. 城市空间设计［M］. 南京：东南大学出版社，1997.

[24] 李德华主编. 城市规划原理（第三版）［M］. 北京：中国建筑工业出版社，2001.

[25] 王浩，徐英. 城市绿地系统规划布局特色分析——以宿迁、临、盐城城市绿地系统规划为例［J］. 中国园林，2006（6）.

[26] 刘纯青. 市域绿地系统规划研究［D］. 南京林业大学论文，2008.

［27］Auguest Heckscher. Open Space——the Life of American City. New York：Harper&Row，1984.

［28］A. B . Gallion. The Urban Pattem. Van Nostrand. Van Nostrand Reinhold Company，1983.

Seans R M. The evolution of greenways as an adaptive urban landscape form，Landscape and Urban planning, 1995（33）.

［29］张立明，敖荣军. 旅游学概论［M］. 武汉：武汉大学出版社，2003.

［30］马勇，周宵. 旅游学概论［M］. 北京：旅游教育出版社，2004.

［31］李天元. 旅游学概论［M］. 天津：南开大学出版社，2003.

［32］李天元. 旅游学［M］. 北京：旅游教育出版社，2002.

［33］唐宇. 旅游学概论［M］. 北京：北京大学出版社，2007.

［34］吴必虎. 旅游学概论［M］. 北京：中国人民大学出版社，2009.

［35］申葆嘉. 旅游学原理：旅游运行规律研究之系统陈述［M］. 北京：中国旅游出版社，2010.

［36］刘文海. 我国旅游业发展研究［J］. 中国市场，2012（24）.

［37］刘文海. 世界旅游业的发展现状、趋势及其启示［J］. 中国市场，2012.

［38］张凌云，刘威. 旅游规划理论与实践［M］. 北京：清华大学出版社，2012.

［39］张伟强，陈文君. 旅游规划原理［N］. 广州：华南理工大学出版社，2005.

［40］佟玉权. 区域旅游系统结构优化的理论研究［N］. 辽宁教育学院学报，1998，15（2）.

［41］吴人韦. 旅游系统的结构与功能［J］. 城市规划会刊，1999（6）.

［42］李永文，孙本超. 论旅游系统的功能及其结构优化. 焦作大学学报，2005（2）.

［43］吴必虎，俞曦. 旅游规划原理［M］. 北京：中国旅游出版社，2010.

［44］Alexander Osterwalder（2004）. The Business Model Ontology – A Proposition In A Design Science Approach. PhD thesis University of Lausanne.

[45] 张文建. 当代旅游业态理论及创新问题探析 [J]. 商业经济与管理, 2010 (4).

后 记

缘 起

小时候想周游寰宇，探索奥秘，1987 年著文《地球生理》（浙江大学出版社），没想自 1990 年读硕士起就一直结缘于旅游。啃书本、走山河、览名胜，专业旅游二十多年，工作的特点是东奔西走，我叫之为"亲近人性、对话山河、呼吸文化"。时光荏苒，人过四十不惑，走了很多地方，看了很多风景，却发现最忆最美的依稀还在未知的旅途中，很多或千里或方寸的地方依然未曾踏足。

佛说，六道轮回，孟婆汤抹去了前尘的记忆，抹不去生命对第八识——"末那识"的烙印。旅游的人受着"第七识"的指引，同时也被客观的条件编织转化，或己或人一直离不开关于这一生活方式的概念、态度、场所、用品及服务。所以我以为对社会民生而言，应有一个职业叫"旅游设计"。

1999 年，在中国旅游设计的一片空白中，"远见旅游设计"得以在浙江宁波含蚌得珠，种子发芽。一路走来，应社会之需，操作了千余案例，好的，不好的，差的，优秀的，培养、带动了一批当今优秀的行业人才，也为这个行业开辟了一片可以繁衍生息的业务领域。然个人之力有限，终有不尽如人意、不得完美之处，或爱我或怨我，日常的工作修行，想的、做的、说的、议的、倡导的、批判的，积累到今，心觉整理成一册对这一行业的同仁可资借鉴的专著，也是平凡中的意义。

责任编辑：杨志敏
责任印制：闫立中

图书在版编目（**CIP**）数据

旅游设计技术教程/袁健编著. --北京：中国旅
游出版社，2014.5
ISBN 978 – 7 – 5032 – 4956 – 3

Ⅰ. ①旅…　Ⅱ. ①袁…　Ⅲ. ①旅游规划 – 教材　Ⅳ.
①F590.1

中国版本图书馆 CIP 数据核字（2014）第 063433 号

书　　　名：旅游设计技术教程
作　　者：袁　健
出版发行：中国旅游出版社
　　　　　（北京建国门内大街甲 9 号　邮编：100005）
　　　　　http：//www. cttp. net. cn　E-mail：cttp@ cnta. gov. cn
　　　　　发行部电话：010 – 85166503
经　　销：全国各地新华书店
印　　刷：北京新魏印刷厂
版　　次：2014 年 5 月第 1 版　2014 年 5 月第 1 次印刷
开　　本：720 毫米×970 毫米　1/16
印　　张：13.75
字　　数：210 千
定　　价：38.00 元
I S B N　978 – 7 – 5032 – 4956 – 3

本书的成稿过程中，得到了黄焱（博士）、年轻助手冯磊（硕士）、李新艳（硕士）、史秋莎（硕士）等多位同仁的鼎力协助，兹此表示衷心的感谢。

袁健
2014 年 5 月